数据分析与审计实践应用创新

陈德启 陈德怀 杨岭岚 ◎ 著

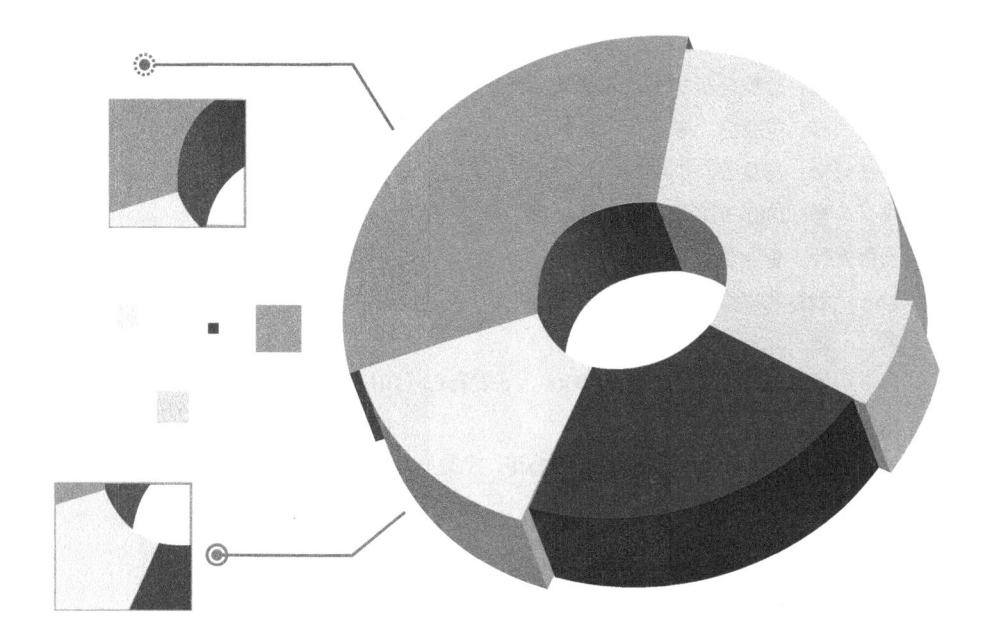

企业管理出版社
ENTERPRISE MANAGEMENT PUBLISHING HOUSE

图书在版编目（CIP）数据

数据分析与审计实践应用创新/陈德启，陈德怀，杨岭岚著. -- 北京：企业管理出版社，2024.8.
ISBN 978-7-5164-3126-9

Ⅰ.F239.1

中国国家版本馆 CIP 数据核字第 20247F61Q2 号

书　　　名：数据分析与审计实践应用创新
作　　　者：陈德启　陈德怀　杨岭岚
责任编辑：杨慧芳　李雪松
书　　　号：ISBN 978-7-5164-3126-9
出版发行：企业管理出版社
地　　　址：北京市海淀区紫竹院南路17号　　邮编：100048
网　　　址：http://www.emph.cn
电　　　话：编辑部（010）68420309　　发行部（010）68417763　68414644
电子信箱：314718920@qq.com
印　　　刷：北京亿友数字印刷有限公司
法律顾问：广西桂直律师事务所
经　　　销：新华书店
规　　　格：170毫米×230毫米　　1/16
印　　　张：14.75
字　　　数：256千字
版　　　次：2024年8月第1版　2025年6月第2次印刷
定　　　价：78.00元

版权所有　翻印必究·印装有误　负责调换

前 言

　　信息化时代，人工智能和大数据技术得到了飞速发展。在这个时代背景下，本书将数据分析与计算机科学、统计学、高等数学、经济学等学科相结合，探讨其在审计实践中的应用。

　　本书结构如下：第 1 章与第 2 章为基础知识介绍；第 3 章结合数据分析详细分析注册会计师审计的重点，剖析公司会计信息失真产生的原因、案例及治理对策；第 4 至 6 章为本书的核心部分，深入探讨司法会计鉴定；第 7 至 12 章主要介绍专项资金审计，涵盖工程项目投资、政府绩效评价、领导干部经济责任审计、企业财务收支审计及单位内部审计等内容。

　　作为政府宏观管理和经济政策制定的重要依据，会计信息的准确性至关重要。笔者基于会计、审计及教学实践，深刻体会到审计职业的价值与挑战，希望通过本书向读者阐明：审计执业是什么？如何识别财务舞弊和会计造假？司法机关怎样借助审计技术开展司法鉴定？特别是在司法诉讼中，审计与司法鉴定的结合具有重要意义。科学的审计方法将为读者提供有益启示。

　　本书得以出版，要感谢云南财经大学会计学院陈旭东教授、司法鉴定中心葛茂光主任、广西桂直律师事务所，以及梁许律师，他们为本书中的司法鉴定案例提供了宝贵的建议和意见。笔者在此深表感谢。

　　审计和数据分析领域的从业人员，无论是初学者还是资深专家，都能从本书中获得实用的知识和技能，以提高自己在审计领域的核心竞争力。此外，本书也适合作为高等院校财经类专业的教学参考用书。

　　由于能力所限、时间仓促，书中难免存在疏漏之处，敬请读者谅解，不胜感激！

目 录

第1章 绪论 ... 1
1.1 数据科学概述 ... 1
1.2 数据分析的定义、作用与价值 ... 2
1.3 数据类型和数据分布 ... 3
1.4 基本统计量和统计图 ... 4
1.5 常用的数据分析工具和软件 ... 5
1.6 数据预处理 ... 5
1.7 数据分析方法 ... 7
1.8 CRISP – DM 驱动的数据分析流程 ... 9
1.9 总结与展望 ... 10

第2章 统计学的基本原理 ... 12
2.1 数据总量描述性分析 ... 12
2.2 概率论基础 ... 18
2.3 相关分析与回归分析 ... 22
2.4 时间序列分析 ... 27

第3章 数据分析与企业财务会计审计 ... 35
3.1 企业会计信息失真研究 ... 35
3.2 会计信息失真的类型和基本理论 ... 43
3.3 会计信息失真的相关案例分析 ... 47
3.4 我国会计信息失真的动因、表现及危害性分析 ... 56
3.5 会计信息失真的综合治理对策 ... 62
3.6 结论 ... 67

第4章 电子数据在司法会计鉴定中的应用 ····· 69
4.1 基本情况 ····· 69
4.2 检案摘要 ····· 69
4.3 鉴定过程及技术路线 ····· 70
4.4 分析说明 ····· 72
4.5 鉴定意见 ····· 84

第5章 数据与司法会计鉴定 ····· 87
5.1 某南亚房地产公司职工职务侵占资金司法会计鉴定 ····· 87
5.2 计算机系统数据舞弊与财务资料隐匿销毁司法会计鉴定 ····· 90
5.3 某县建筑材料公司高管经济犯罪司法会计鉴定 ····· 92
5.4 某公司二级电站前期项目投资司法会计鉴定 ····· 98
5.5 企业联营合同涉案司法会计鉴定 ····· 104
5.6 风电场49.5MW、110kV升压站合同纠纷误工费用鉴定 ····· 107

第6章 概率论与数理统计在司法会计鉴定中的应用创新 ····· 111
6.1 数理统计推断结论作为司法诉讼证据 ····· 111
6.2 实证法在司法会计鉴定中的应用 ····· 115
6.3 某R公司以投资项目方式非法集资的司法会计鉴定 ····· 130

第7章 农村易地搬迁项目专项资金审计 ····· 135
7.1 易地搬迁资金项目置换审计 ····· 135
7.2 乡镇项目点投入资金具体支出情况 ····· 145
7.3 项目点农村危房改造资金和财政专项扶贫资金支出情况 ····· 152
7.4 乡镇安置点资金使用情况的审批程序 ····· 153
7.5 某县易地扶贫搬迁项目资金的投入与产出效益分析 ····· 153
7.6 存在的问题:违反国家基本建设投资项目的相关规定 ····· 155
7.7 建议 ····· 156

第8章 曲线模型预测法对某市"十四五"期间财政扶贫专项资金的预测 ····· 159
8.1 某市财政专项扶贫资金预测的背景 ····· 159
8.2 曲线模型预测法在财政专项扶贫资金预测上的运用 ····· 159
8.3 研究结果 ····· 163

第9章 绩效审计 ··· 164
9.1 绩效审计的核心内容 ··· 164
9.2 电子数据导入绩效审计系统 ··· 165
9.3 绩效审计中常用的统计分析方法 ··· 169
9.4 财政绩效审计在具体实践中的应用 ··· 180
9.5 绩效审计的改进建议 ··· 187
9.6 审计结论 ··· 188

第10章 经济责任审计 ··· 189
10.1 基本情况 ··· 189
10.2 审计概况 ··· 189
10.3 审计中发现的主要问题 ··· 192
10.4 审计评价及建议 ··· 197

第11章 企业财务收支情况的专项审计 ··· 198
11.1 企业基本情况 ··· 198
11.2 审计中发现的问题 ··· 198
11.3 审计情况 ··· 203
11.4 审计意见 ··· 204

第12章 企业经济效益审计 ··· 205
12.1 基本情况 ··· 205
12.2 审计内容 ··· 206
12.3 审计评价 ··· 220
12.4 存在的问题 ··· 221
12.5 审计建议 ··· 221

参考文献 ··· 223

第 1 章　绪　论

1.1　数据科学概述

数据科学是研究、探索数据规律的科学和科学研究数据的方法,即用数据的方法研究科学和用科学的方法研究数据。数据已成为 21 世纪的"新石油"——信息时代的代名词,从数据中获取洞察力用于决策,对于大多数企业而言,已变得至关重要。这种趋势是数据科学迅速增长的根本驱动力。然而,在这个领域应用的各种学科和术语仍然存在很多不确定性。对于非技术主管而言,处理与数据科学相关的问题可能会令人望而却步。本书作者试图用科学的方法研究数据,创新数据科学在审计实践领域的应用。

1. 分析

分析是通过简洁的表达、操作、计算或可视化,从数据中提取见解的过程。在数据科学中,分析常被称为探索性数据分析(Exploratory Data Analysis,EDA)。它通常用于帮助人们了解一个主题的基本情况,并为后续更深入的研究提供初步的线索和方向。通过这种方式,分析为数据科学项目提供了框架,帮助提出关键问题,进而指导后续的探索。然而,分析的局限性也不容忽视。尽管它能揭示数据中的规律与趋势,但它通常无法直接提供因果关系的明确证据。此外,传统的分析过程往往依赖手动操作,耗时且效率较低,自动化程度有限。在当今快速发展的商业环境中,尽管更复杂的分析方法,如预测分析、机器学习等,能够为企业创造更大的价值,但许多公司仍然停留在描述性分析的层面。描述性分析主要关注总结和解释历史数据,而较少涉足更具前瞻性的洞察和决策支持。

2. 统计

在许多情况下，分析可能足以解决给定的问题。在其他情况下，问题更为复杂，人们需要采用更复杂的方法来获得答案，尤其在不确定时作出重大决策的情况下，这就是统计学发挥作用的地方。统计学提供了一种方法论，可以以一定的置信度来回答分析师提出的问题。分析师可以帮助你解决问题，但统计学家可以为你带来可信的答案。统计学家要求严谨。有时，简单的描述性统计数据就足以提供必要的见解。然而，在其他情况下，需要更复杂的推论统计信息（如回归分析）来揭示某种现象的因果关系。统计数据的局限性在于，传统上它是使用 SPSS 和 SAS 等软件包进行分析的，这需要统计学家或受过培训的专业人员为特定问题进行不同的计算。

1.2 数据分析的定义、作用与价值

1. 数据分析的定义

数据分析是指通过对数据进行收集、处理、分析和解释，以获取有价值的信息和洞察力的过程。对收集来的大量数据用适当的统计分析方法进行分析，提取有用信息，形成可靠性结论是数据分析的主要目标。随着信息化和数字化时代的来临，数据分析已经成为企业、组织的决策支持工具，可以帮助人们理解数据背后的趋势、关系和模式，从而为决策提供支持和指导。

2. 数据分析的作用

数据分析可以帮助组织更好地理解现象、发现问题、预测趋势、优化流程，从而作出更明智的决策。不同领域和场景，数据分析的作用不同。在商业领域，数据分析可以帮助企业了解市场需求、消费者行为和竞争对手动态，从而制定更有效的营销策略和业务发展计划。在科学研究中，数据分析可以帮助研究人员发现新的规律和关联，推动科学进步和创新。在政府和公共服务领域，数据分析可以帮助政府部门更好地了解社会问题和民众需求，优化资源配置和制

定政策。在审计领域,数据分析是获取审计证据的有力手段,数据分析为审计判断提供见解和支持,提高审计效率和效果,从而有助于提高审计质量。

3. 数据分析的价值

数据分析能够帮助组织获得竞争优势、降低风险、提高效率、创造机会,其价值在于提供客观、准确、可靠的信息支持,帮助人们更好地应对复杂的挑战和有效地解决问题。审计实践中,通过对数据的事后探索性分析,发现违法、违规和财务舞弊行为,对财务绩效进行合理评价,对决策效果进行科学检验,最终形成科学的审计结论等,从不同的视角彰显了数据分析的功能价值。

1.3 数据类型和数据分布

在数据分析过程中,了解数据类型和数据分布对于选择合适的分析方法至关重要。

1. 数据类型

数据通常分为两大类。

(1)定性数据:如客户满意度、品牌忠诚度、地区分类等。这些数据不能进行数值运算,只能用于分类和描述。

(2)定量数据:如销售额、利润率、库存数量等。这些数据可以进行数学运算,并适用于统计分析。

2. 数据分布

数据分布描述了数据在不同取值范围内的分布情况,常见的数据分布类型包括如下类型。

(1)正态分布:数据在中心值附近集中呈钟形曲线,如大多数人的身高、考试成绩分布等。

(2)均匀分布:数据在整个范围内分布均匀,如随机生成的彩票号码。

(3)偏态分布:数据在某一方向上分布较多,如收入分布可能是右偏态,即高收入群体较少而大多数人处于中低收入范围。

3

在电子商务领域,数据分析师通常会分析用户购买数据的分布情况,以制定促销策略。例如,某电商平台发现其用户消费额呈右偏态分布,少数高价值客户贡献了大部分销售额。因此,企业针对高价值客户推出了 VIP 会员制度,以增加客户黏性和提高盈利能力。

1.4 基本统计量和统计图

在数据分析中,基本统计量和统计图是用来描述数据分布和特征的重要工具。

1. 基本统计量

(1)均值(Mean):一组数据的平均值,通过将所有数据相加然后除以数据的数量来计算得到。均值可以帮助我们了解数据的集中趋势。

(2)中位数(Median):一组数据中间位置的值,即将数据按大小排序后位于中间的值。中位数通常用来表示数据的中心位置,不受极端值的影响。

(3)标准差(Standard Deviation):数据集中各个数据点与均值之间差异的平均值的一种度量。标准差可以帮助我们了解数据的离散程度,即数据点分散在均值周围的程度。

2. 统计图

(1)直方图(Histogram):一种用矩形条表示数据分布情况的图表。直方图将数据按照不同的区间进行分组,并用矩形的高度表示每个区间内数据的频数或频率。直方图可以帮助我们直观地了解数据的分布情况。

(2)箱线图(Box Plot):一种用于显示数据分布情况的图表,它展示了数据的中位数、四分位数、极值和异常值。箱线图可以帮助我们了解数据的中心位置、离散程度及异常值情况。

理解和使用基本统计量和统计图能够帮助我们更好地分析和解释数据的特征和分布情况,从而作出更准确的决策和预测。

1.5 常用的数据分析工具和软件

在数据分析领域,有许多优秀的工具和软件可供选择,每种工具都具有其独特的特点和适用场景。以下是一些常见的数据分析工具和软件。

(1) Stata:一种专业的统计分析软件,主要用于数据管理、统计分析、绘图和报告。它具有强大的数据处理和分析功能,适用于各种类型的数据分析项目。

(2) SPSS(Statistical Package for the Social Sciences):一种流行的统计分析软件,特别适用于社会科学领域的数据分析。它提供了丰富的统计分析工具和可视化功能,可用于数据探索、假设检验和建模分析。

(3) R:一种开源的编程语言和环境,用于统计计算和数据可视化。它具有丰富的统计分析包和绘图库,支持各种数据分析和建模任务。R 具有灵活性和可扩展性,广泛应用于学术界和工业界。

(4) Python:一种通用的编程语言,具有丰富的数据分析和科学计算库,如 NumPy、Pandas 和 Matplotlib。Python 的简洁语法和强大功能使其成为数据科学家和分析师的首选工具之一。

(5) Excel:一种常见的电子表格软件,也被广泛用于数据分析。虽然其功能相对较简单,但 Excel 提供了基本的数据分析和可视化工具,适用于简单的数据处理和分析任务。

以上是一些常见的数据分析工具和软件,选择何种工具取决于项目需求、个人偏好和技能水平。无论选择哪种工具,都应该根据具体情况灵活运用,以达到最佳的数据分析效果。

1.6 数据预处理

数据预处理是数据分析过程中至关重要的一步,它包括数据清洗、数据转换和数据集成等操作,旨在准备数据以便进行进一步的分析和建模。本节将介绍数据预处理的基本概念和常用方法。

1. 数据清洗

数据清洗(Data Cleaning)是指检测和纠正数据中的错误、缺失值、重复项和异常值等问题,以确保数据的质量和准确性。常见的数据清洗操作如下。

(1)处理缺失值:识别并处理数据中的缺失值,可以通过填充、删除或插值等方法进行处理。

(2)去除重复项:检测并移除数据中的重复记录,以避免分析结果偏差。

(3)处理异常值:发现并处理数据中的异常值,可以通过删除、替换或转换等方法进行处理,以提高数据的准确性和可靠性。

2. 数据转换

数据转换(Data Transformation)是指将原始数据进行转换或映射,以便更好地适应分析模型或满足分析需求。常见的数据转换操作如下。

(1)标准化:将数据按比例缩放,使其均值为0,标准差为1,以消除不同特征之间的量纲影响。

(2)归一化:将数据缩放到一个特定的范围,通常是[0,1]或[-1,1],以确保不同特征具有相似的尺度。

(3)离散化:将连续型数据转换为离散型数据,如将年龄分段为年龄组。

(4)特征工程:创建新的特征或转换现有特征,以提取更多的信息或改善模型性能。

3. 数据集成

数据集成(Data Integration)是指将来自不同数据源的数据合并到一个统一的数据存储中,以便进行统一的分析和处理。常见的数据集成操作如下。

(1)数据合并:将来自不同文件或数据库的数据合并到一个数据框中,以便进行联合分析。

(2)数据连接:基于共同的键或属性将不同数据集进行连接,以便获取更丰富的信息。

(3)数据集合:将不同数据源中的相关数据进行汇总,以便进行综合分析和报告。

数据预处理是数据分析过程中的关键步骤,正确地进行数据清洗、转换和集成可以提高数据的质量和可用性,从而为后续的分析和建模工作奠定良好的基础。

1.7 数据分析方法

数据分析方法是用于从数据中提取信息和洞察力的技术和工具。本节将介绍统计分析、机器学习和数据挖掘等常用的数据分析方法。

1. 统计分析

统计分析是通过对数据进行描述、推断和假设检验等方法来获取信息和洞察力的过程。常见的统计分析方法如下。

(1)描述性统计(Descriptive Statistics):用于总结和展示数据的基本特征。例如,均值、中位数、标准差等,以便对数据进行初步分析和理解。

(2)推断性统计(Inferential Statistics):用于从样本数据推断总体数据的特征。例如,利用样本数据推断总体均值、方差等,以进行假设检验和推断。

(3)假设检验(Hypothesis Testing):用于验证关于总体参数的假设。例如,两个总体均值是否相等、总体方差是否满足某种假设等。

2. 机器学习

机器学习是人工智能的重要分支,其核心目标是让计算机通过分析数据自动学习规律,并利用这些规律完成预测或决策任务。与传统编程不同,机器学习不是通过硬编码规则解决问题,而是通过输入数据和算法训练模型,让模型从数据中自行发现模式。例如,传统编程需要明确编写"识别猫的规则",而机器学习则通过大量猫的图片训练模型,使其自动掌握识别特征。

根据学习方式的不同,机器学习主要分为监督学习和无监督学习。

监督学习需要带标签的数据(即已知输入与输出的对应关系),典型任务包括回归(预测连续值,如房价预测)和分类(预测类别标签,如垃圾邮件识别),常用算法有线性回归、决策树等。

无监督学习则处理无标签数据,重点在于发现数据内在结构,如聚类(将相似用户分组)和降维(压缩数据维度以简化分析),代表性算法如 k-means 聚类、主成分分析(PCA)。

此外,还存在半监督学习(少量标签数据辅助大量无标签数据)和强化学习(通过试错与奖励机制优化决策,如游戏 AI)等扩展范式。

在当今信息化和数字化的时代,数据成为企业和组织最宝贵的资产之一。数据分析作为一种强大的工具,正在被越来越多的组织和机构所重视和应用。同时,审计作为保障国家经济监督职能运转的重要环节,也正逐渐引入数据分析技术,以提高审计效率和准确性。

本书旨在探讨数据分析与审计的紧密结合,介绍数据分析在审计实务中的应用,并提供相关案例以帮助读者深入理解。通过学习本书,读者将了解数据分析对于审计工作的重要性,掌握数据分析的基础知识和方法,以及如何将数据分析技术应用于审计中,从而提高审计质量。

3. 数据挖掘

数据挖掘是从大量数据中挖掘隐藏的模式和关联规则的过程。常见的数据挖掘方法如下。

(1)关联规则挖掘(Association Rule Mining):用于发现数据中的频繁项集和关联规则,以揭示不同项之间的相关性和关联性。

(2)聚类分析(Cluster Analysis):用于将数据分组成具有相似特征的簇,以便对数据进行分类和理解。

(3)分类和预测(Classification and Prediction):用于根据已知数据特征预测新数据的类别或数值,常见的算法包括决策树、支持向量机和神经网络等。

4．机器学习与数据挖掘

机器学习与数据挖掘虽密切相关但各有侧重。数据挖掘强调从大规模数据中提取有价值的信息（如用户购买规律），通常需要人工参与数据清洗和模式解释；而机器学习更注重自动化建模，通过算法从数据中直接学习模型。两者在实践中相辅相成：数据挖掘为机器学习提供高质量数据，机器学习则为数据挖掘提供高效的自动化工具。例如，在市场营销中快速定位目标用户群体。这一技术闭环不仅优化了从数据预处理到模型落地的全流程效率，更通过动态学习机制持续适应业务变化，成为推动金融、医疗、零售等领域智能化转型的核心驱动力。

数据分析方法的选择取决于数据的特点、分析目标和实际需求。分析师综合运用不同的数据分析方法可以更全面地理解数据，并从中提取有用的信息和知识。

1.8 CRISP-DM 驱动的数据分析流程

跨行业数据挖掘标准过程（CRISP-DM）是一个包含六个阶段的过程模型，自然地描述了数据科学生命周期。它是计划、组织和实施数据科学项目的框架。

它包括以下步骤：

(1)业务理解，业务需要什么；

(2)数据理解，需要什么数据，它是否干净；

(3)数据准备，如何为建模组织数据；

(4)建模，我们应该采用什么建模技术；

(5)评估，哪种模型最符合业务目标；

(6)部署，利益相关者如何访问结果。

CRISP-DM 过程不是一个线性过程，而是一个迭代过程。它评估数据科学项目的各个方面，显著提高了成功完成数据的机会。因此，大多数项目经理和数据科学家采用这种方法。

数据的质量、数量等因素在很大程度上可以决定数据科学项目能否取得成功。第一，在项目初始阶段，明确所有利益相关者所关注的与数据相关的问题至关重要。第二，在数据准备阶段，项目需要预留足够的时间，以确保数据的收集、清洗、转换等工作能够高质量地完成。第三，在构建模型时，必须准确选择正确的变量。为了使模型具有良好的性能和可解释性，模型应尽可能只包含数量较少但具有强解释性的变量。这是因为不相关的变量可能会干扰模型的学习过程，对模型性能产生负面影响。第四，应有效避免模型的过度拟合现象。否则，会导致模型整体性能下降，以及预测误差的复杂性增加，无法在实际应用中准确地进行预测。第五，数据科学项目的结果必须以一种非技术人员也能够理解的方式进行呈现。通过可视化技术对数据进行展示是一种行之有效的方法。在商业环境中，国际商业通信标准是良好呈现数据的参考依据。

1.9 总结与展望

本书简要介绍了数据分析的相关知识和方法，旨在帮助读者理解数据分析在审计实践中的重要性和应用。

1. 总结

数据分析的基础知识，包括数据类型、数据分布和基本统计量等内容，为读者奠定数据分析的基础。数据预处理的方法和技术，包括数据清洗、数据转换和数据集成等操作，以确保数据的质量和可用性。常用的数据分析方法，包括统计分析、机器学习和数据挖掘等，帮助读者选择合适的方法对数据进行分析和挖掘。一些案例分析，展示了数据分析在审计中的具体应用场景和效果，帮助读者更好地理解数据分析的实际应用价值。

2. 展望

随着信息技术的发展和数据量的不断增加，数据分析在审计中的作用将变得越来越重要。未来，我们可以期待以下几个方面的发展。

（1）技术创新：随着人工智能和大数据技术的不断发展，数据分析方法将变得更加智能化和高效化，为审计提供更强大的支持和工具。

（2）跨界合作：未来，数据分析将更多地与其他领域相结合，如金融、医疗等，共同探索数据分析在不同领域的应用和创新。

（3）人才培养：面对日益增长的数据需求，培养具备数据分析能力的审计专业人才将成为审计实务界的重要任务。需要加强教育和培训，培养更多的数据分析人才，服务于审计实践。

综上所述，数据分析在审计中具有重要的应用前景和发展潜力，我们期待着未来数据分析技术的进一步发展和应用，为审计实践带来更多的机遇和挑战，不断创新审计方法和技术。

第 2 章　统计学的基本原理

2.1　数据总量描述性分析

数据总量,又称总量指标,是由统计资料经过汇总整理的,反映一定时间、地点条件下,总体某一方面特征的规模、水平的数据总量,在数学上表现为有一定计量单位的绝对值。

1. 数据总量的分类

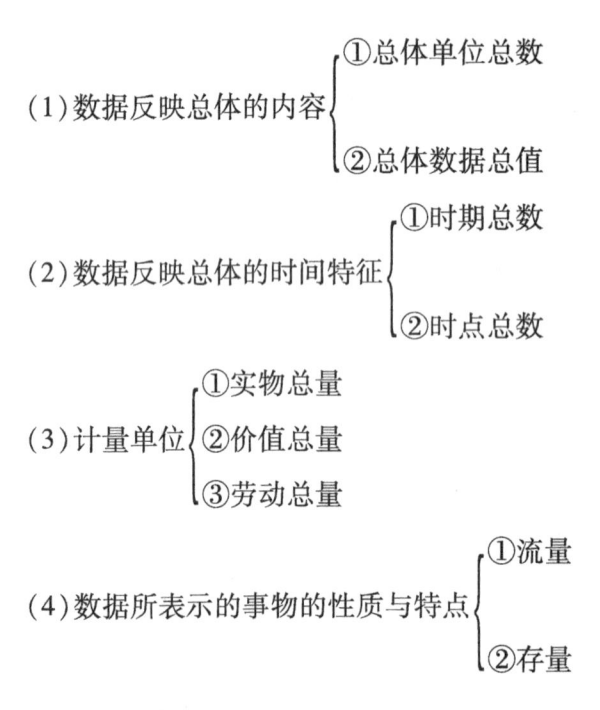

(1) 数据反映总体的内容 $\begin{cases} ①总体单位总数 \\ ②总体数据总值 \end{cases}$

(2) 数据反映总体的时间特征 $\begin{cases} ①时期总数 \\ ②时点总数 \end{cases}$

(3) 计量单位 $\begin{cases} ①实物总量 \\ ②价值总量 \\ ③劳动总量 \end{cases}$

(4) 数据所表示的事物的性质与特点 $\begin{cases} ①流量 \\ ②存量 \end{cases}$

2. 数据总量的计算和运用

数据相对量,又称为相对指标,是把两个相互有联系的指标进行对比,以反映现象在某一方面的数量特征、属性的相对变化或对比关系的指标,形式上表现为相对数。数据相对量的计算单位有两种:无名数和有名数。常用的数据相对量有计划完成相对数、结构相对数、比例相对数、比较相对数、强度相对数和动态相对数。

(1)计划完成相对数

计划完成相对数也称计划完成百分数,它是将某一时期的实际完成数与同期计划完成数进行对比,一般用百分数表示。计算公式为:

计划完成相对数(%)=(实际完成数/同期计划数)×100%

(2)结构相对数

结构相对数是总体内部部分单位某一方面特征的数值与总体全部单位某一方面特征的数值之比,计量单位一般用百分数或系数表示。计算公式为:

结构相对数=(总体中部分单位数值/总体全部数值)×100%

(3)比例相对数

比例相对数是同一个总体的两部分之间的对比,计量单位一般为系数、倍数或百分数。计算公式为:

比例相对数=(总体某一部分数值/总体另一部分数值)×100%

(4)比较相对数

比较相对数是同一指标在不同总体(不同的空间范围),如不同国家、地区、对象单位间的对比,计量单位一般为系数、倍数或百分数。计算公式为:

比较相对数=(某一总体某一数值/另一总体同一数值)×100%

(5)强度相对数

强度相对数是同一总体中,两个性质不同但相互有联系的指标数据之比,反映现象的强度、密度及普遍程度。计算公式为:

强度相对数=(某一数值/另一有联系的不同数值)×100%

(6)动态相对数

动态相对数是将总体不同时期的同一类指标对比而计算出的数值,用于表明现象在时间上发展变动的程度。计算公式为:

动态相对数=(报告期数值/基期数值)×100%

3. 数据分布集中趋势的特征描述

集中趋势是描述数据分布的一个重要的特征数,指一组数据向某一中心值靠拢的程度,反映了一组数据的平均水平、中等水平和代表水平,显示了数据中心点的位置所在。

数据分布集中趋势特征描述的测度就是寻找数据的代表值或中心值,常用来表示数据分布集中趋势的特征描述的测度有算术平均数、几何平均数、众数、中位数等。其中,算术平均数、几何平均数属于高层次数据分布的集中趋势测度,中位数、众数属于低层次数据分布的集中趋势测度,算术平均数($\bar{x}$)、众数(Mo)、中位数(Me)三者之间的关系为:

$$Me - Mo = 2(\bar{x} - Me)$$

(1)算术平均数

算术平均数也称均值,是全部数值的算术平均,是集中趋势的主要测度值。它主要适用于定距数据和定比数据,但不适用于定类数据和定序数据。

①简单平均数。对于未分组资料计算平均数,采用简单平均数计算公式:

$$\bar{x} = \frac{\sum x}{n}$$

②加权平均数。对于经过分组的资料计算平均数,采用加权平均数计算公式:

$$\bar{x} = \frac{\sum xf}{\sum f}$$

算术平均数具有两个重要的数学性质:一是各个变量值与其平均数的离差之和等于零,即 $\Sigma(x - \bar{x}) = 0$;二是各变量值与其平均数的离差平方之和等于最小值,即 $\Sigma(x - \bar{x})^2 = $ 最小值。

(2)几何平均数。

它是 n 个变量值乘积的 n 次方根,计算公式如下:

$$\bar{x}G = \sqrt[n]{\prod x}$$

①调和平均数。在计算平均数时,如果掌握基本公式的分子资料而不具备

分母资料时,就需要使用调和平均数的形式进行计算,公式如下:

$$\bar{x}H = \frac{\sum xf}{\frac{\sum xf}{\sum f}} = \frac{\sum m}{\sum \frac{m}{x}}$$

调和平均数是算术平均数的变形,两者在本质上是一致的,唯一的区别是计算时使用了不同的数据。调和平均数适用于定比数据,不适用于定距数据。

②平方平均数。平方平均数是二次方的广义平均数的表达方式,也可称二次幂平均数。

计算公式为:

$$\mathrm{RMS} = \sqrt{\frac{\sum_{i=1}^{n} x_i^2}{n}} = \sqrt{\frac{x_1^2 + x_2^2 + \cdots + x_n^2}{n}}$$

(3)众数

众数是一组数据中出现次数最多的变量值,用 M_O 表示。它主要用于测度各类数据的集中趋势。

单项式数列确定众数比较简单,数列中出现次数多的那个标志值就是众数。由组距式数列确定众数,是先根据出现次数确定众数所在组,然后利用下列公式计算众数的近似值:

$$M_O = L + \frac{(f - f_{-1})}{((f - f_{-1}) + (f - f_{-1}))} \times i$$

从分布的角度看,众数是具有明显集中趋势点的数据,一组数据分布的最高点所对应的数值即为众数。如果数据的分布没有明显的集中趋势或最高峰点,众数也可能不存在;如果有两个最高点,也可以有两个众数。

(4)中位数

中位数是一组数据按从小到大排序后,处于中间位置上的变量值,用 Me 表示。它主要用于分组数据计算中位数时,先对数据进行排序,然后确定中位数的位置,计算公式为中位数位置 $= \frac{n+1}{2}$,最后确定中位数的具体位置。由于分组数列计算中位数时,先根据公式 $n/2$ 确定中位数所在的组,然后用下列公式计算中位数的近似值：
$$Me = L + (n/2 - S_{m-1})/f_m \times i$$

中位数是一个位置代表值,其数字大小不受极端数值影响,因此具有稳定性或耐抗性的特点。中位数的另一个特征是各变量值与中位数的距离绝对值之和最小。

(5) 众数、中位数和算术平均数的比较

① 若 $\bar{x} = Me + M_0$,则数据是正态分布；

② 若 $\bar{x} < Me < M_0$,则数据是左偏分布；

③ 若 $\bar{x} > Me > M_0$,则数据是右偏分布。

4. 数据分布离散趋势的特征描述

数据分布离散趋势是说明数据间的差异程度的指标,反映了所有数据偏离中心位置的差异程度。常用的数据分布离散趋势特征描述的测度有全距、平均差、标准差与方差、离散系数。

(1) 全距

全距是指整个数列中的最大值与最小值之差。其计算公式为：
$$R = 最大值 - 最小值 = X_{max} - X_{min}$$

(2) 平均差

平均差是各变量值与其均值离差绝对值的平均数。

未分组数据平均差的计算公式为：
$$A \cdot D = \frac{\sum_{i=1}^{n} |x - \bar{x}|}{n}$$

组距分组数据平均差的计算公式为：
$$A \cdot D = \frac{\sum_{i=1}^{n} |x - \bar{x}| f_i}{\sum_{i=1}^{n} f_i}$$

平均差以均值为中心,反映了每个数据与均值的平均离差程度,它能全面、准确地反映一组数据的离散状况。平均差越大,说明数据的离差程度越大。

(3) 标准差与方差

方差是各变量值与均值离差平方的平均数,是测度定距和定比数据离差程

度的主要方法。标准差是方差的平方根,未分组数据方差的计算公式为:

$$\sigma = \sqrt{\frac{\sum_{i=1}^{n}(x_i - \bar{x})^2}{n}}$$

组距数列数据方差的计算公式为:

$$\sigma = \sqrt{\frac{\sum_{i=1}^{n}(x_i - \bar{x})^2}{\sum_{i=1}^{n}f_m}f_m}$$

样本方差与总体方差在计算上的区别:总体方差的分母是总频数 n,样本方差的分母是总频数减1,即 $n-1$。

(4)离散系数

离散系数是消除数据水平高低影响后的、纯粹反映数据间差异程度的相对指标,即它既不受计量单位的影响,也不受数据水平高低的影响,因而便于对不同数据水平的离散程度进行比较。常用的离散系数有平均差系数和标准差系数,计算公式如下:

$$平均差系数 = VA \cdot D = \frac{A \cdot D}{\bar{x}} \times 100\%$$

$$标准差系数 = V\sigma = \frac{\sigma}{\bar{x}} \times 100\%$$

5. 数据偏度和峰度的特征描述

数据分布的偏度和峰度的特征描述,主要用于刻画数据分布的对称性、分布曲线的陡峭或平坦性特征。

偏度,是指次数分布的非对称程度,分为左偏或右偏。通常可采用三阶中心矩偏度系数来测量次数分布的偏斜程度。三阶中心偏度系数是指三阶中心矩 m_3 与 σ^3 之比。其计算公式为:

$$\alpha = m_3/\sigma^3 = \frac{\sum(x - \bar{x})^3 f}{\sigma^3 \sum f}$$

当 $\alpha = 0$ 时,为对称分布;

当 $\alpha < 0$ 时,为左偏(或负偏)分布;

当 $\alpha > 0$ 时,为右偏(或正偏)分布。

峰度衡量次数分布曲线顶峰的尖锐程度与正态分布曲线相比,次数分布曲线的峰度通常分为三种:常态峰度、尖顶峰度和平顶峰度。

测定峰度的测度是峰度系数,它是四中心矩m_4与σ^4之比。其计算公式为:

$$\beta = m_4 / \sigma^4 = \frac{\sum(x-\bar{x})^4 f}{\sigma^4 \sum f}$$

当$\beta = 3$时,次数分布曲线为正态曲线,即正态峰态;

当$\beta < 3$时,次数分布曲线为平顶曲线,即低峰态;

当$\beta > 3$时,次数分布曲线为尖峰曲线,即高峰态;

当$\beta < 1$时,次数分布曲线为U形分布。

2.2 概率论基础

1. 随机试验

随机试验,是指为了研究随机现象而对客观事物进行观察的过程,它具有下列三个特性:

①可在相同的条件下重复进行;

②每次试验的结果具有多种可能性,并且试验有可能的结果是事先已知的;

③每次试验之前,不能肯定将会出现哪个结果。

2. 随机事件

随机事件,是指随机试验中每一个可能结果,以下简称事件。

①设有事件A与B,若事件A发生,则事件B必发生,称事件B包含事件A,记作$A \subset B$。

②事件A包含事件B,且事件B也包含事件A,则称事件A与B相等,记作$A = B$。

③两个事件A和B中,至少有一个发生,即A发生或B发生,称为事件A与B的和(或并),记作$A + B$或$A \cup B$。

④事件 A 发生而事件 B 不发生,称为事件 A 与事件 B 的差,记作 A - B。

⑤两个事件 A 与 B 同时发生,即"A 且 B",称事件 A 与 B 的积(或交),记作 AB 或 A∩B。

⑥如果事件 A 与 B 不能同时发生,即 AB = ø,称事件 A 与 B 互不相容(或称互斥)。显然,基本事件间是互斥(Mutually Exclusive)的。

⑦若事件 A 与 B 两者中必有一个发生且仅有一个发生,则称 A 与 B 为互相对立(或互逆)事件。此时满足条件 A + B = Ω 及 AB = ø。

3. 概率

(1) 概率的统计定义

在同一条件下重复进行 n 次试验,当试验次数 m 充分大时,事件 A 发生的频率为 $f_n(A) = \frac{m}{n}$(随试验次数而变化)。

趋向于某一数值 p 或稳定地在 p 值附近波动($0 \leq p \leq 1$),则定义 p 为事件 A 发生的概率,记作:

$$P(A) = f_n(A) = \lim_{n \to \infty} \frac{\bar{m}}{n}$$

(2) 条件概率

在事件 B 已经发生的情况下,定义事件 A 同时发生的概率:

$$P(A|B) = \frac{P(AB)}{P(B)}$$

(3) 独立事件

如果 $P(A|B) = P(A)$,那么 A 与 B 相互独立。此时:

$$P(AB) = P(A|B)P(B) = P(A)P(B)$$

(4) 全概率公式

设事件 $A_1, A_2, \cdots, A_n$ 是样本空间 Ω 的一个分割,即 $A_iA_j = ø, i \neq j$,且 $\sum_{i=1}^{n} A_i = \Omega$。从而 $B = \sum_{i=1}^{n} A_iB$,这里 A_iB 也两两互不相容,则全概率公式如下:

$$P(B) = P(B \cap \Omega) = P(\cup_{i=1}^{n} A_iB) = \sum_{i=1}^{n} P(A_iB) = \sum_{i=1}^{n} P(B|A_i) \times P(A_i)$$

(5) 贝叶斯公式

设事件 $A_1, A_2, \cdots, A_n$ 是样本空间 Ω 的一个分割，即 $A_iA_j = \emptyset, i \neq j$，且 $\sum_{i=1}^{n} A_i = \Omega$，则贝叶斯公式如下：

$$P(A_jB) = \frac{P(A_j|B)}{P(B)} = \frac{P(B|A_j) \times P(A_j)}{\sum_{i=1}^{n} P(B|A_i) \times P(A_i)}$$

4. 随机变量

随机变量，是对随机试验结果的数量描述，其取值有一个范围，在此范围内的取值是不确定的，但取某个值或某些值却有响应的确定概率（变化的规律性）。随机变量一般用 X、Y 等表示。

（1）随机变量的分类

离散型随机变量(Discrete Random Variable)：所有可能取值只能是有限个或无穷可列个的随机变量。

连续型随机变量(Continuous Random Variable)：所有可能取值是连续的随机变量。

（2）分布函数

设 X 是随机变量，则函数 $F(x) = P\{X \leq x\}$ $(-\infty < x < +\infty)$ 称为随机变量 X 的概率分布函数(Probability Distribution Function)。

（3）数字特征

数学期望：

$E(x) = \sum_k x_k p_k$，其中 x 是离散型随机变量。

$E(x) = \int_{-\infty}^{+\infty} x f_x \mathrm{d}x$，其中 x 是连续型随机变量。

方差：$D(X) = E[X - E(X)]^2 = E(X^2) - [E(X)]^2$

协方差：$\sigma_{xy} = E[(X - EX)(Y - EY)] = E(XY) - E(X)E(Y)$

相关系数：$\rho_{xy} = \mathrm{cov}(X, Y) / \sqrt{D(X)} \sqrt{D(Y)}$

5. 常见随机变量的分布

（1）二项分布

在 n 重伯努利试验中，设每次试验成功的概率为 p，则成功次数 X 的概率分布为：

$$P(X=i) = (\frac{n}{i})p^i(n-p)^{n-i} i = 0,1,2,\cdots,n$$

此时，称 X 服从参数为 p 的二次分布，记作 $X \sim b(n,p)$。

（2）正态分布

设 X 为连续型随机变量，它的概率密度函数为：

$$f_{(x)} = \frac{1}{\sqrt{2\pi}\sigma}e^{\frac{(x-\mu)^2}{2\sigma^2}}$$

则 X 服从参数为 μ 和 σ^2 的正态分布，记作 $X \sim n(\mu,\sigma^2)$。

6．大数定律和中心极限定理

①设 n 次独立试验中，事件 A 发生的次数为 m，事件 A 在每次试验中发生的概率为 p，则对于任意正数 ε，有：

$$\lim_{n \to +\infty} p\left(\left|\frac{m}{n} - p\right| < \varepsilon\right) = 1$$

②设随机变量 X_1, X_2 相互独立，且服从同一分布，它们的数学期望 $E(X_k) = \mu$，方差 $D(X_k) = \sigma^2 (k=1,2,\cdots,n)$，则对任意正数 ε，有：

$$\lim_{n \to +\infty} p(|\bar{X}_n - \mu| < \varepsilon) = 1$$

式中，$\bar{X}_n = \frac{1}{n}(X_1 + X_2 + \cdots + X_n)$。

③设 $X_1, X_2, \cdots, X_n$ 是具有相同分布且相互独立的一列随机变量，则当 $n \to +\infty$ 时，对任意 X，有：

$$\lim_{n \to +\infty} (\frac{1}{\sigma\sqrt{n}} \sum_{k=1}^{n}(X_k - \mu) < x) \int_{-\infty}^{x} \frac{1}{\sqrt{2\pi}} e^{-\frac{t^2}{2}} dt$$

其中，$\mu = E(X_k)$，$\sigma^2 = D(X_k) > 0$，$k = 1,2,\cdots,n$。

④设 $X_1 + X_2 + \cdots + X_n$ 是服从参数为 $p(0<p<1)$ 的两点分布的随机变量序列，即 $X = \sum_{k=1}^{n} X_k \sim b(n,p)$，则对任意 X，有：

$$\lim_{n\to+\infty} P\left(\frac{\sum_{k=1}^{n}(X_k-np)}{\sqrt{np(1-p)}}<x\right)=\frac{1}{2\pi}\mathrm{e}\int_{-\infty}^{x}-\frac{t^2}{2}\mathrm{d}t$$

⑤设随机变量 $X_1, X_2, \cdots, X_n$ 相互独立,它们具有数学期望和方差 $E(X_k=\mu_k)$,$D(X_k=\sigma_k^2>0, k=1,2,\cdots,n)$,则:

$$\lim_{n\to+\infty} P\left(\frac{\sum_{k=1}^{n}X_k-\sum_{k=1}^{n}u_k}{\sqrt{\sum_{k=1}^{n}\sigma_k^2}}\leqslant x\right)=\frac{1}{2\pi}\int_{-\infty}^{x}\mathrm{e}-\frac{t^2}{2}\mathrm{d}t。$$

2.3 相关分析与回归分析

1. 相关分析

(1)相关关系的概念

相关关系是客观社会经济现象之间相互联系的一种形式,包含两个要点:

①相关关系是指社会经济现象之间确实存在的数量上的相互依存关系;

②社会经济现象之间数量关系的具体关系值不是固定的,而是不确定的相互依存关系。

(2)相关关系的分类

根据现象相关变化的方向,可以分为正相关和负相关;根据现象相关的形式,可以分为线性关系和非线性关系;根据线性关系的程度,可以分为完全相关、不完全相关和不相关;根据现象相关的因素,可以分为单相关和复相关。

(3)相关分析的主要内容

①确定现象之间有无关系存在,以及相关关系呈现的形态。

②确定相关关系的密切程度。判断相关关系密切程度的主要方法是绘制关系图和计算相关关系。

③确定相关关系的数学表达式。

④确定因变量估计值误差的程度。

(4)相关关系

$$\rho=\frac{\sigma_{XY}}{\sigma_X\sigma_Y}=\frac{\sum\left[\dfrac{X-E(X)}{\sigma_X}\right]\left[\dfrac{Y-E(Y)}{\sigma_Y}\right]}{N}$$

式中，σ_{XY} 为 X 与 Y 变量的协方差，σ_X 为 X 变量的标准差，σ_Y 为 Y 变量的标准差，ρ 为总体的相关系数。

2．一元线性回归分析

（1）回归分析的概念

回归分析或回归方程，是指对具有相关关系的变量，依据其关系形态而选择一个合适的数学模型来近似地刻画变量间变化关系的一种统计方法。

（2）一元线性回归模型

①总体回归系数。在给定解释变量 X_i 条件下被解释变量 Y_i 的期望轨迹称为总体回归线，或更进一步的称为总体回归曲线，其形式为：

$$E(Y|X_i) = f(X_i)$$

②样本回归函数。利用样本对总体函数进行估计而得到的回归函数称为样本回归函数，其形式为：

$$\hat{Y}_i = f(X_i) = \beta_0 + \beta_1 X_i$$

③参数估计的最小二乘法。最小二乘法通常采用残差平方和作为衡量总体偏差的尺度，通过寻求一条直线使得残差总体平方和达到最小，以此来估计回归方程系数。

设一元线性模型为 $\hat{Y} = \beta_0 + \beta_1 X_i$，则根据最小二乘法知：

$$Q = \sum_{i=1}^{n} e_i^2 = \sum_{i=1}^{n} (y_i - \hat{y}_i)^2 = \sum_{i=1}^{n} (y_i - \beta_0 - \beta_1 X_i)^2 = 0$$

要使 Q 最小，应用微积分相关知识，使 Q 分别对 β_0 和 β_1 求导，令其导数为零，即：

$$\begin{cases} \dfrac{\partial Q}{\partial \beta_0} = -2\sum(y_i - \beta_0 - \beta_1 X_i) = 0 \\ \dfrac{\partial Q}{\partial \beta_1} = -2\sum X_i(y_i - \beta_0 - \beta_1 X_i) = 0 \end{cases}$$

整理后求解得：

$$\begin{cases} \beta_1 = \dfrac{n\sum X_i y_i - \sum X_i \sum y_i}{n\sum x_i^2 - (\sum x_i)^2} \\ \beta_0 = \dfrac{\sum y_i}{n} - \dfrac{\beta_1 \sum x_i}{n} = \bar{y} - \beta_1 \bar{x} \end{cases}$$

(3) 回归系数 β_1 与相关关系 r 关系：

$$r = \beta_1 \cdot \frac{s(x_i)}{s(y_i)}$$

式中，$s(x_i)$ 为解释变量 X 的样本标准差，$s(y_i)$ 为被解释变量 Y 的样本标准差。

(4) 一元线性回归模型的检验

回归模型的检验包括理论意义检验和统计意义检验。理论意义检验主要涉及参数估计值的符号和取值区间，如果它们与实质性科学的理论及人们的实践经验不相符，就说明模型不能很好地解释现象。

拟合优度检验。检验拟合优度的统计量被称为判定系数，又称可决系数或决定系数，记作 R^2。公式如下：

$$R^2 = \frac{SSR}{SST} = 1 - \frac{SSE}{SST}$$

显著性检验，回归系数显著性检验的基本步骤如下：

①提出假设：$H_0: \beta_1 = 0, H_1: \beta_1 \neq 0$。此检验为双侧检验。

②构造检验统计量：

$$t_{\beta i} = \frac{\beta_i - \beta_i}{s_{\beta i}} \sim t_{a/2}(n-2)(i=0,1)$$

式中，$s_{\beta i}$ 是回归系数 $\beta_i(i=0,1)$ 的标准差 $\sigma_{\beta i}$ 的估计值，即：

$$s_{\beta i} = \sqrt{\frac{s^2}{\sum(x_i - \bar{x})^2}}, \quad s_{\beta 0} = \sqrt{s^2 \cdot \frac{\sum x_i^2}{n \sum(x_i - \bar{x})^2}}$$

③确定显著性水平。查自由度为 $n-2$ 的 t 分布表，确定临界值 $t_{a/2}^{(n-2)}$。

④判断：如果 $|t| > t_a/2(n-2)$ 则拒绝原假设，则说明 X 作为 Y 的解释变量作用是显著的；反之，若 $|t| < t_a/2(n-2)$ 则接受原假设，则说明 X 作为 Y 的解释变量作用尚不显著。

(5) 一元线性回归模型的预测

这一回归模型的预测包括点预测和区间预测。

给定解释变量 X 的值 X_0，将其代入回归方程，得到 $\hat{Y}_0 = \beta_0 + \beta_1 X_0$，$\hat{Y}_0$ 就是被解释变量 Y 的点估计值。点预测分两种情况：一是给定 X_0，对不同样本点上解释变量 Y_i 的条件期望值（均值）的点预测；二是给定 X_0，对不同样本点上解释变量 Y_i 的个别值（或单个值）的点预测。

① 总体条件均值的点预测。

对总体回归函数 $E(Y|X=X_0) = \beta_1 X$，当 $X = X_0$ 时，有：$E(Y|X=X_0) = \beta_0 + \beta_1 X_0$。

② 总体个别值的点预测。

对总体回归模型 $Y = \beta_0 + \beta_1 X + \omega$，当 $X = X_0$ 时，有：$Y = \beta_0 + \beta_1 X_0 + \omega$。

区间预测是指当给定自变量值时，找到一个随机区间，因变量 Y 以某个较大概率"落入"该区间。

3．多元线性回归分析

（1）多元线性回归模型总体的一般形式

$$Y_i = \beta_0 + \beta_1 x_{1i} + \beta_2 x_{2i} + \cdots + \beta_j x_{ji} + \cdots + \beta_k x_{ki} + \omega_i \;(i=1,2,\cdots,k;\; j=1,2,\cdots,n)$$

（2）多元线性回归模型的参数估计

设所求的样本回归方程为：

$$Y_i = \beta_0 + \beta_1 x_{1i} + \beta_2 x_{2i} + \cdots + \beta_k x_{ki} \quad (i=1,2,\cdots,n)$$

则 $\beta = (X'X)^{-1} X'Y$，$Var(\beta_i) = \sigma_\mu^2 X'X_i^{-1}$，如图 2-1 所示。

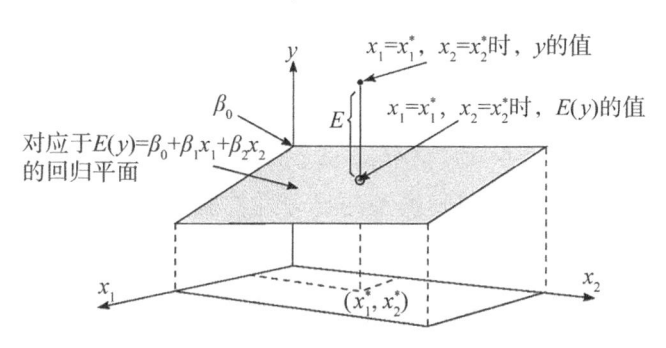

图 2-1 二元回归方程的图示

当用样本估计量 $\hat{\beta}_0,\hat{\beta}_1,\hat{\beta}_2,\cdots,\hat{\beta}_k$ 去估计模型中的参数 $\beta_0,\beta_1,\beta_2,\cdots,\beta_k$ 时，就得到了估计的多元线性回归方程（Estimated Multiple Linear Regression Equation），其一般形式为：

$$\hat{y}=\hat{\beta}_0+\hat{\beta}_1x_1+\hat{\beta}_2x_2+\cdots+\hat{\beta}_kx_k$$

式中，$\hat{\beta}_0,\hat{\beta}_1,\hat{\beta}_2,\cdots,\hat{\beta}_k$ 是参数 $\beta_0,\beta_1,\beta_2,\cdots,\beta_k$ 的估计量；$\hat{y}$ 是因变量 y 的估计量。

$\hat{\beta}_1,\hat{\beta}_2,\cdots,\hat{\beta}_k$ 称为偏回归系数。$\hat{\beta}_1$ 表示当 $X_2,X_3,\cdots,X_k$ 不变时，X_1 每改变一个单位因变量 y 的平均改变量；$\hat{\beta}_2$ 表示当 $X_1,X_3,\cdots,X_k$ 不变时，X_2 每改变一个单位因变量 y 的平均改变量，其余偏回归系数的含义类似。

多元回归模型与回归方程——参数的最小二乘估计，也就是使残差平方和最小，即：

$$\sum(y_i-\hat{y}_i)^2=\sum(y_i-\hat{\beta}_0-\hat{\beta}_1x_1-\cdots-\hat{\beta}_kx_k)^2=\min$$

求解 $\hat{\beta}_0,\hat{\beta}_1,\hat{\beta}_2,\cdots,\hat{\beta}_k$ 的标准方程组为

$$\begin{cases}\left.\dfrac{\partial Q}{\partial \beta_0}\right|_{\beta_0=\hat{\beta}_0}=0\\ \left.\dfrac{\partial Q}{\partial \beta_i}\right|_{\beta_i=\hat{\beta}_i}=0,i=1,2,\cdots,k\end{cases}$$

（3）多元线性回归模型的检验

拟合优度检验：在多元线性回归分析中，总离差平方和的分解公式依然成立。因此，也可以用判定系数 R^2 来评价模型拟合程度，但人们通常用正自由度的判定系数 $\bar{R}^2$ 来评价模型拟合优度。

$$\bar{R}^2=1-\frac{\sum e_i^2/(n-k-1)}{\sum(y_i-\bar{y})/(n-1)}=1-\frac{n-1}{n-k-1}(1-R^2)$$

显著性检验：多元线性回归模型的显著性检验同样包括两个方面的内容，即回归系数的显著性检验与回归方程的显著性检验。

①回归系数的显著性检验。多元模型中回归系数的检验同样采用 t 检验，其原理和基本步骤与一元回归模型中的 t 检验基本相同。下面仅给出回归系

数显著性检验 t 统计量的一般计算公式：

$$t_{\beta j} = \frac{\beta_i}{\sigma_{\beta j}}(j=1,2,\cdots,k)$$

式中，$\sigma_{\beta j}$ 的计算涉及矩阵的运算，这里就不介绍了。实际应用中采用相应的统计或数学软件进行计算，一般的统计软件中都会给出 $\sigma_{\beta j}$ 值。需要对每一个回归系数进行检验，如果遇到不显著的回归系数，说明在给定其他自变量的条件下，该自变量解释因变量的能力很差，所以应当将其从回归方程中剔除。

②回归方程的显著性检验。回归方程显著性检验的步骤如下。

第一步，假设回归方程不显著，即，$H_0:\beta_1=\beta_2=\cdots=\beta_k$

第二步，计算 F 统计量，并可以证明：

$$F = \frac{\text{SSR}/k}{\text{SST}/(n-k-1)} = \frac{\sum y_1^2/k}{\sum e_i^2/(n-k-1)} \sim F(k, n-k-1)$$

第三步，根据自由度和给定显著性水平 α，查 F 分布表中的理论临界值 F_α。当 $F>F_\alpha$ 时，拒绝原假设，即认为回归模型中，各自变量与因变量的线性回归关系显著。当 $F<F_\alpha$，接受原假设，即认为回归模型中，自变量与因变量的线性关系不显著，因而所建立的回归模型没有意义。

第四步，给出判断：若 $F>F_{\alpha/2}$，则拒绝 H_0，接受 H_1，即认为回归方程显著；若 $F\leqslant F_{\alpha/2}$，则不拒绝 H_0，即认为回归方程不显著。

2.4 时间序列分析

1. 时间序列分析概述

时间序列分析是一种广泛应用的数量分析方法，主要用于描述和探索现象随时间发生变化的数量规律性。

(1)时间序列的概念

同一现象在不同时间上的相继观察值排列而成的序列称为时间序列。时间序列形式上由现象所属的时间和现象在不同时间上的观察值两部分组成。

(2)时间序列的分类

按照经济数据的表现形式划分,时间序列可分为绝对数时间序列、相对数时间序列和平均数时间序列。绝对数时间序列又分为时期序列和时点序列。按观察数据的性质与形态不同划分,时间序列可分为随机型时间序列和确定型时间序列。

(3)编制时间序列的原则

①时间长短应该相等。

②总体范围应该一致。

③计算方法应该统一。

④经济含义应该统一。

2. 时间序列的数据分析

时间序列分析的内容有时间序列的水平分析(发展水平、平均发展水平、增长量、平均增长量),时间序列的速度分析(发展速度与增长速度、平均发展速度与平均增长速度),速度分析和水平分析的结合与应用。

(1)时间序列的水平分析

①发展水平与平均发展水平。发展水平是指时间序列中每一项具体的数值,通常用 a_i 表示。平均发展水平是指对时间序列各期发展水平求平均数,又叫序时平均数或动态平均数。

根据资料掌握情况的不同,序时平均数计算的方法也有所不同。

由时期序列计算序时平均数。其公式为:

连续变动的连续时点数列(即未分组数据)

$$\bar{a} = \frac{a_1 + a_2 + \cdots + a_{n-1} + a_n}{n} = \frac{\sum a_i}{n}$$

非连续变动的连续时点数列(分组数列)

$$\bar{a} = \frac{\sum af}{\sum f}$$

由间断间隔相等时点序列计算序时平均数。其公式为：

$$\bar{a} = \frac{\frac{a_1}{2} + a_2 + a_3 + a_{n-1} + \frac{a_n}{2}}{n-1}$$

由间断间隔不等时点序列计算序时平均数。其公式为：

$$\bar{a} = \frac{\frac{a_1+a_2}{2}f_1 + \frac{a_2+a_3}{2}f_2 + \cdots + \frac{a_{n-1}+a_n}{2}f_{n-1}}{f_1 + \cdots + f_{n-1}}$$

由相对数或平均数时间序列计算序时平均数。其公式为：

$$\bar{c} = \frac{\bar{a}}{\bar{b}}$$

②增长量与平均增长量。增长量是时间序列中的报告期水平与基期水平之差。若两者之差为正数,则表示增长;若为负数,则表示下降。由于采用基期的不同,增长量有逐期增长量和累积增长量之分。两者的关系是逐期增长量之和等于累积增长量。平均增长量是观察期各逐期增长量的平均数,其公式如下：

$$平均增长量 = \frac{逐期增长量之和}{逐期增长量个数} = \frac{累计增长量}{动态数列项数 - 1}$$

(2)时间序列的速度分析

①发展速度与增长速度。发展速度是报告期发展水平与基期发展水平之比。由于采用基期不同,发展速度又有环比发展速度和基期发展速度之分。两者的关系是环比发展速度的连乘积等于相应的定基发展速度。增长速度也称递增率,是增长量与基期水平之比,也可用发展速度 -1(100%)计算。由于基期的不同,增长速度也有环比增长速度和定基发展速度之分。

②平均发展速度与平均增长速度。平均发展速度是各个时期环比发展速度的平均数;平均增长速度则是现象在整个时期内平均增长变化的程度,通常用平均发展速度 -1(或100%)计算。平均发展速度的计算方法有两种,即：

几何平均法(水平法)：

$$\bar{X} = \sqrt[n]{\frac{a_1}{a_0} \cdot \frac{a_2}{a_1} \cdots \frac{a_n}{a_{n-i}}} = \sqrt[n]{X_1 \cdot X_2 \cdots X_n} = \sqrt[n]{\prod X_i}$$

方程式法(累计法):

$$\bar{x}^n + \bar{x}^{n-1} + \bar{x}^2 + \bar{X} = \frac{\sum_{i=1}^{n} a_i}{a_0}$$

3. 时间序列的构成分析

时间序列各项发展水平的变化是由许多复杂因素共同作用的结果,影响因素归纳起来大体有四类:长期趋势 T、季节变动 S、循环变动 C、不规则变动 I。

(1)时间序列模型

常用的时间序列分析模型有两种,即加法模型($Y = T + C + S + I$)和乘法模型($Y = T \times C \times S \times I$)。

(2)长期趋势分析方法

长期趋势分析方法包括时距扩大法、移动平均法、最小二乘法(又称最小平方法)。

①时距扩大法是对长期的时间序列资料进行统计修匀的一种简便方法。它是把原有动态数列中各时期资料加以合并,扩大每段计算所包括的时间,得到较长时距的新时间序列,以消除由于时距较短而受到偶然因素影响所引起的波动,清楚地显示现象变动的趋势和方向。

时距扩大修匀可以用扩大时距后的绝对数表示,也可以用扩大时距后的平均数表示。前者只适用于时期数列,后者可以用于时期数列和时点数列。

②移动平均法是趋势变动分析的一种较简单的常用方法。该方法的基本思想和原理,是通过扩大原时间序列的时间间隔,并按一定的间隔长度逐期移动,分别计算出一系列移动平均数,由这些平均数形成的新的时间序列对原时间序列的波动起到一定的修匀作用,削弱了原序列中短期偶然因素的影响,从而呈现现象发展的变动趋势。

设移动间隔长度为 K,则移动平均数序列可以写作:

$$\bar{Y}_i = \frac{Y_i + Y_{i+1} + \cdots + Y_{k+i-1}}{K}$$

式中,$\bar{Y}_i$ 为移动平均趋势值,K 为大于 1 小于 n 的正整数。

移动平均法是通过移动平均数来平滑时间序列,但由于平均数易受异常数据的影响,为避免这种情况,可以用中位数来代替平均数,这就是移动中位数法,也称为中位数扫描法。

利用移动平均法分析长期趋势变动时,应注意移动平均后的趋势值应放在各移动项的中间位置移动间隔长度应长短适中。

③最小二乘法是利用回归分析的原理,即建立有效的数学模型,对原有时间序列拟合出一条较为理想的直线或者曲线,即估计值所形成的趋势线,用这条趋势线来反映现象运行的基本趋势,并预测未来。

用线性模型来描述即 $\bar{Y}_t = a + bt$。根据最小平方法的要求,可得趋势线中未知常数 a 和 b 的标准求解方程:

$$\begin{cases} \sum y = na + b\sum t \\ \sum ty = a\sum t + b\sum t^2 \end{cases}$$

解得:

$$\begin{cases} a = \bar{y} - b\bar{t} \\ b = \dfrac{n\sum ty - \sum t \sum y}{n\sum t^2 - (\sum t)^2} \end{cases}$$

上述方程的变量 t 可取时间序列中的任何时期为原点。为简便起见,可取时间序列的中间时期为原点,此时有 $\sum t = 0$,上式可简化为:

$$\begin{cases} a = \bar{y} \\ b = \dfrac{\sum ty}{\sum t^2} \end{cases}$$

(3)季节趋势分析方法

季节趋势分析方法包括按月(季)平均法、趋势剔除法。

现象季节变动是指某些社会经济现象,随着季节的更换而引起的比较有规律性的变动。分析季节变动的目的在于消除由于季节变动带来的不利影响,充分利用它的有利因素,以便更好地组织生产,适应市场与满足人们生活的需要。

①按月(季)平均法。这是直接根据原时间序列通过简单平均来计算季节指数的一种常用方法。该方法的步骤如下。

第一步：将各年同月(或同季)排列在一起。

第二步：计算各年同月(或同季)平均数。

第三步：计算全部数据的总月(或季)平均数。

第四步：将各年同月(或同季)平均数除以总月(或季)平均数，即得季节指数(S)。

其公式如下。

$$季节指数(S) = \frac{同月(季)平均数}{总月(季)平均数} \times 100\%$$

②趋势剔除法。

该方法的基本思想是，先将时间序列中的长期趋势予以剔除，而后再计算季节指数。其中，序列中的趋势值可采用移动平均法求得，也可采用最小平方法求得。利用前者分析季节变动又称为移动平均趋势剔除法，后者简称为趋势剔除法。具体步骤如下。

第一步：利用移动平均法，求出对应各季的趋势值。

第二步：以各季的实际数量与趋势值相除，获取各季的季节变化情况。

第三步：将各年的同一季节情况进行平均，得各季末修正指数。

第四步：进行指数修正。

(4)循环变动分析和不规则变动分析方法

循环变动分析和不规则变动分析主要采用剩余法。

根据时间序列的传统模型所包括的各个因素之间的逻辑关系，分离出某些因素(如季节变动)，然后再从原序列中逐一剔除那些被分离出的因素，而剩下的即为所要研究的因素，这种方法称作剩余法。假定已经分离出长期趋势 T 和季节变动 S，那么通过剩余法在消除长期趋势 T 和季节变动 S，剩下的就是循环变动 C 和不规则变动 I(这两种变动合并，统称随机变动)。剩余法的有关公式如下。

① 乘法模型

$$Y'_t = \frac{Y_t}{T \cdot S} = \frac{T \cdot S \cdot C \cdot I}{T \cdot S}$$

② 加法模型

$$Y'_t = Y_t - T - S = (T + S + C + I) - T - S = C + I$$

③ 混合模型

$$Y'_t = \frac{Y_t - S}{T} = \frac{S + T \cdot C \cdot I - S}{T} = \frac{T \cdot C \cdot I}{T} = C \cdot I$$

4．时间序列预测

时间序列预测分析除以传统分析为基础所进行的简单外推预测之外，还有移动平均法、指数平滑法、自回归预测法等。

（1）移动平均法

移动平均法不仅能对时间数列进行修匀，还能对变动比较平稳的时间数列进行预测，即取最近 n 项数值的平均数作为下期的预测值。

$$\hat{Y}_t = \frac{Y_{t-1} + Y_{t-2} + \cdots + Y_{t-n}}{n} \text{ 或 } \hat{Y}_{t+1} = \frac{Y_t + Y_{t-1} + Y_{t-2} + \cdots + Y_{t-n+1}}{n}$$

（2）指数平滑法

指数平滑法是由移动平均法演变而来的。与移动平均法相同的是，指数平滑法也可用来修匀数据，平滑以后可以对数据的长期变动提供更为清晰的趋势。此外，指数平滑法可以用于存在某种长期趋势影响的时间数列的近期预测。指数平滑法的一般形式为：

$$r_k = \frac{\sum_{t=1}^{n-k}(y_t - \bar{y}_t)(y_{t+k} - \bar{y}_{t+k})}{\sqrt{\sum_{t=1}^{n-k}(y_t - \bar{y}_t)^2}\sqrt{\sum_{t=1}^{n-k}(y_{t+k} - \bar{y}_{t+k})^2}}$$

式中，$\bar{y}$ 为 y_1 到 y_{n-k} 共 $n-k$ 个观察者的均值，$\bar{y}_{t+k}$ 为 y_{k+1} 到 y_n 共 $n-k$ 个观察者的均值。

自相关系数同两个变量的线性相关系数一样，取值为 $-1 \sim 1$，即 $|r_k| \leq 1$。

(3)自回归预测法

当时间数列存在一定程度的自相关,就可以建立时间数列的自回归模型,通过前期数值计算后期数值或预测未来。自回归模型也有线性和非线性之分。一般 n 级线性自回归模型如下。

$$\hat{Y}_t = b_0 + b_1 Y_{t-1} + b_2 Y_{t-2} + \cdots + b_n Y_{t-n}$$

当时间数列相继数值是二次方的函数时,就要拟合二次曲线的自回归模型:

$$\hat{Y}_t = b_0 + b_1 Y_{t-1} + b_2 Y_{t-1}^2$$

其中,$b_0, b_1, b_2, \cdots, b_n$ 均为参数,用最小平方法求解参数,可以确定预测模型。

第 3 章　数据分析与企业财务会计审计

3.1　企业会计信息失真研究

会计信息是会计单位以财务报表、报告及附注等形式,向投资人、债权人和其他相关组织及人员公布的财务状况和经营成果信息。会计信息是企业财务信息的核心,是反映企业经营状况、预测未来收益的基础。会计信息,特别是真实的会计信息对于会计单位本身的经营决策,以及国民经济的健康发展都有着重要的意义。国际上多年来的会计实践表明,会计信息失真一直是国际会计领域的"顽症",并对经济秩序的正常运行构成了较严重的威胁。

1. 研究背景及意义

(1) 研究背景

在我国,会计信息失真的现象也时有发生。2011 年,财政部组织各地财政监察专员办事处,对资源、能源、医药等国民经济基础行业,以及部分创业板、中小板上市公司及房地产公司,共计 114 家企业的会计信息质量、56 家证券资格会计师事务所(分所)的执业质量展开检查,并于 2011 年 10 月 8 日发布《会计信息检查公告(第二十一号)》[1]。检查发现,×化工发展股份有限公司存在会计凭证缺失、账实不符等问题,虚构销售收入 8131 万元,其下属企业将货款 6439 万元存入员工个人存折;×建设股份有限公司募集资金 3 亿元,实际使用情况和报告披露使用情况不一致,也未按规定专户存储;部分房地产企业存在销售收入不实、多计成本费用、少缴或迟缴税款等问题,如×房地产开发有限公司在开发的商品房尚未竣工、未达到可销售状态的情况下提前确认收入 5 亿

---

[1] 《财政部会计信息检查公告(第二十一号)》,中国会计报,2011 年 10 月 14 日。

元,并虚增长期投资2.51亿元、无形资产1.28亿元;某地产集团有限公司未将下属57家子公司纳入合并财务报表,并少计长期股权投资2.51亿元,少扣缴个人所得税5033万元。检查还发现,会计师事务所内部管理较为薄弱,质量控制存在缺陷,未保持应有的职业怀疑态度,未严格按照执业准则实施审计,审计程序执行不到位,审计证据不充分,专业判断不合理等问题较为突出,执业质量有待进一步提高。

会计信息失真而是全球范围内普遍存在的治理难题。美国自2002年AR公司申请破产保护以来,接二连三地发生了重大财务舞弊案件。其中涉及×通、×讯、×乐等世界巨头公司,假账的数额之大令人震惊。会计信息失真不仅给广大投资者带来了巨大的损失,而且对资本市场的健康有序发展和经济资源的合理配置产生了很大的危害,还会引导投资机构、社会投资者、企业债权人等作出错误的投资决策和判断,给各利益相关者带来无法估量的经济损失,严重扰乱了国民经济的正常秩序且削弱了国家宏观调控能力。

企业会计信息失真是投资者、证券管理部门、中介机构所面临的不可回避的问题,亟待理论界和实践界着力研究解决。

(2)研究意义

国内外诸多学者对会计信息失真的分类、表现、根源和治理等会计学领域的难题进行了研究和探索。在前人研究的基础上,本书分析了会计信息失真的原因和危害,为有效解决会计信息失真问题提供依据,为认识和治理会计信息失真、提高会计信息质量开拓一个新的思路,具有非常重要的理论意义和指导性意义。

防范和治理会计信息失真的意义主要表现在以下几个方面。

第一,从宏观层面,一是有助于遏制国有资产的流失,防范偷税漏税、贪污受贿、挪用公款等违法犯罪行为。经营者通过操纵利润,提供不真实的会计信息,侵吞了国有资产,直接导致国家利益受损;二是有助于政府更有效地实施宏观调控。政府进行宏观调控离不开经济信息,而会计信息是经济信息的基础来源,会计信息失真将影响 GDP 等统计资料的真实性,进而影响到国家的货币政策、财政政策、产业结构调整等宏观调控;三是有助于发挥市场的资源配置功能。会计信息可以反映个别行业和整个行业的经营状况,会计信息失真会给市场以误导,将会阻滞资源流向本该流向的企业;四是有助于建立公平竞争的市场机制,维护社会主义市场经济秩序。会计造假给造假者带来利益的同时,给其他利益相关者带来巨大的损失,还会使提供真实会计信息的企业在竞争中处于不利地位,易引发会计造假不正之风。

第二,从微观层面,有利于完善公司治理结构和内部控制机制,使得企业取得更好的发展。会计信息在经理的聘用、替换以及经理的合理报酬等公司内部治理机制中甚为重要。首先,真实反映公司经营业绩的会计信息有助于合理评价公司管理当局的行为;其次,外部财务报告支持资本市场的运作,真实可靠的财务报告有效地降低了外部信息不对称,有效地提高了外部治理;最后,有利于各利益相关者作出正确的投资决策。失真的会计信息将误导投资机构、债权人等会计信息利益相关者对企业的生产经营状况作出错误的判断和决策,使其遭受重大的经济损失。

企业有时发生的会计信息失真事件会给社会带来较严重的危害,不仅损害了各相关者的利益,不利于资源的优化配置,而且阻碍了国民经济的发展。因此,我们必须采取合理有效的措施以防范和治理会计信息失真的问题。笔者从事审计和司法会计鉴定的职业,对会计信息失真问题关注颇多,从理论和实践方面对其进行了系统的研究。

2. 国内外文献综述

本书从会计信息失真的概念、原因及治理对策三个方面梳理了国外、国内学者对会计信息失真问题的研究。

(1)国外研究综述

①会计信息失真的概念。

在国外,关于会计信息失真问题的研究始于 19 世纪末,并由于 20 世纪 30

年代经济危机的爆发而迅速发展。会计信息失真是一个国产词汇,而对于这一现象,在国外文献中的提法多为财务报告舞弊(Financial Statement Fraud)和盈余管理(Earnings Management)。Elliott 和 Jacobson(1986)将财务报告舞弊定义为管理层通过粉饰财务报告来欺骗投资者或贷款人以赢得融资,并可能损害投资者和贷款人利益的一种故意的行为。Bologna 和 Lindqist(1995)与 Elliott 和 Jacobson(1986)的观点是相近的,他们也认为财务报告舞弊涉及故意错报公司财务价值,从而给投资者和信贷者造成该企业"好看的"财务报告的假象,故意欺骗了投资者和信贷提供者。Schilit(1993)认为除了故意隐瞒和扭曲实际的财务报告,将粉饰后的财务状况向社会公布的这种行为之外,过失性的遗漏某些重要的财务信息也是一种财务欺骗。由此可见,财务报告舞弊是企业为达到自身的某种目的故意编制虚假的财务报表的一种管理舞弊行为,并传播虚假的财务报表欺骗和误导报表使用者。

盈余管理是个中性词,是一种会计行为,是管理层通过会计手段(主要是会计选择)美化账面,而达到管理者自身的目标,而非真实地反映公司运营的实际绩效。Howe(1999)比较了财务报告舞弊和盈余管理两者概念。他认为除编制虚假的财务报表,盈余管理是"一种创造性的会计处理方式",也同样可以达到管理者获利的目的。由此可见,尽管盈余管理并不违法,但它和财务报表舞弊都扭曲了真实财务会计信息,给广大投资者带来了危害。

②会计信息失真的原因。

Zabihollah Rezaee(2003)把财务报表舞弊的动机与原因主要分为客观原因和主观原因两方面:无效的公司治理结构是导致财务报表舞弊的主要客观原因;管理者为偷税漏税、获得上市资格或发行较高的 IPO 股价、避免退市风险、创造发行新股的需求、迎合证券分析师对公司盈余增长的预期、掩盖滥用资产、隐瞒管理行为的目的,这些都是进行财务报表舞弊的主观动机。Albrecht(1995)提出了著名的舞弊三角理论,认为舞弊产生有三个因素:压力、机会及借口。其中压力因素是指企业的所有者给管理者带来的压力,如所有者给管理者的一些硬性指标,管理者若是没有完成这些指标,就会被解雇或受到其他的惩罚,这样管理者就产生舞弊的行为动机;机会因素指的是企业有能够将其舞弊行为掩盖起来而不被发现,并试图逃避惩罚的可能性,而内部控制存在漏洞为其舞弊的存在提供了客观的因素;借口因素,是指舞弊者为自己的舞弊行为寻找合适的理由。1993 年,Bologna 和 Wrens 提出了另一著名的管理舞弊理论——GONE 理论,"G"指贪婪(Greed),"O"指机会(Opportunity),"N"指需要(Need),"E"指暴露(Exposure)。他们研究认为舞弊因子包括个别风险因子(包括特定个人的道德品质和动机)和一般风险因子(包括舞弊的机会,被发现的可能性,发现后受惩罚的性质与程度)。当两种因子结合在一起,且舞弊者认为有利时,舞弊就会发生。

对于企业进行盈余管理的动因,以下是比较有代表性的研究成果。Schipper 认为,盈余管理产生的两个主要条件是契约摩擦(Contracting Frictions)和沟通摩擦(Communications Frictions),主要目的是获取私人利益。Dechow 和 Sloan (1991)的研究结果表明,盈余管理的主要原因是公司治理结构的薄弱。如由内部人控制董事会、总经理兼任董事长的公司更易进行盈余管理。Sweeney (1994)的研究结果显示,被证券交易委员会(SEC)起诉的很多公司,他们试图以较低的成本进行外部融资和逃避债务契约的限制而进行盈余操纵。

③会计信息失真的防范和治理。

Elliott 和 Jacobson(1986)研究认为注册会计师责任心与财务舞弊的发现和防治并不存在一定的相关性,注册会计师责任心的提高不一定能更多地发现与防治舞弊。Albrecht、Wernz 和 Williams(1995)认为预防和发现舞弊可以通过创造一个诚实、开放和具有资助特色地文化氛围的方法。McMullen、Raghunandan 和 Rama(1996)强调了内部控制的重要性,他们认为管理当局披露内部控制报告的信息有助于强化公司内部控制,从而有助于减少财务舞弊。美国证券交易委员会(SEC)前主席阿瑟·利维特认为,完善的会计准则有助于金融机构作出理性决策,因为只有完善的会计准则才能使会计信息尽可能地可靠和透明。

安然事件后美国政府相继采取了一系列措施来加强对财务报表舞弊的防范。2002年7月25日,美国国会通过了萨班斯-奥克斯利法案(Sarbanes - Oxley Act)。据此法案,公司若存在不当行为可以被要求重编报表,公司首席执行官所获得的有关奖金和证券投资收益将被没收。该法案还加强了对财务报表舞弊行为的法律处罚力度。

(2)国内研究综述

①会计信息失真的界定。

我国对会计信息失真的研究始于20世纪90年代中期,许多学者从不同的角度进行了研究。谭劲松、丘步辉、林静容(1997)将会计信息失真分为由会计事项失真引起的会计信息失真和由会计处理失真引起的会计信息失真。由会计事项失真引起的会计信息失真指会计事项本身不真实,而非会计人员人为引起的会计信息失真。由会计处理失真引起的会计信息失真指会计事项真实,会计人员的人为操作引起的会计信息失真。王跃堂(2001)把会计信息失真归结为会计造假和会计操纵两方面。会计造假指企业违反了国家规定的相关会计法律法规等的违法行为。会计操纵是企业利用会计法律法规的弹性操纵会计数据的合法行为。吴联生(2003)将会计信息失真分为规则性失真、违规性失真和行为性失真。并分别对三种失真的含义进行了界定,分析了这三类会计信息失真的形成机理。

②会计信息失真的原因。

张天西(1998)从会计学自身限制角度探讨了导致会计信息失真的自身因素,并把它细分为两点:会计确认对象的隐匿和会计确认基础的主观性。黄世忠(2001)将信息失真的原因归为以下几点:第一是公司治理结构不够完善。第二是注册会计师缺失足够的独立性;第三是造假成本与收益的不对称。这些都容易导致会计信息的失真。吴联生(2004)认为会计信息失真的客观因素之一是人类的有限性。侯艳蕾(2004)运用博弈理论的方法对会计信息失真的原因进行分析,从造假成本与造假收益的不对称和委托人与代理人之间信息不对称两个方面进行探讨,并提出了治理会计信息失真的有关对策。赵立三、付永青、郑新建(2006)也用博弈论的相关知识进行分析,阐述了各个利益相关者之间的博弈关系,针对上市公司的会计信息不符合质量要求甚至"虚假"的现状提出相关的政策建议。郑济孝(2008)从信息经济学角度分析了会计信息失真的原因:所有者与经营者双方的效用函数不一致、信息不对称和契约不完备。

也有其他学者从制度安排论、产权论、会计信息结构失衡论、会计准则论、信息不对称论等探讨了会计信息失真的原因并提出相应的治理对策。

③会计信息失真的防范和治理对策。

肖时庆(2001)在《上市公司财务报告粉饰防范体系研究》中探讨了治理上市公司会计信息披露失真的策略:第一,完善上市公司治理结构;第二,改革相关制度以减少财务报告粉饰的动机;第三,应该完善会计准则和会计制度,压缩财务报告粉饰的空间;第四,完善注册会计师制度,发挥注册会计师应有的作用;第五,政府应加强监督以防范会计信息失真。雷又生、王秋红(2004)建议国家需要调整、完善法规使之适应经济的发展,同时要公正执法,加大执法力度。吴联生(2004)强调加强会计教育,达到提高会计人员素质的目的。并且要通过改革会计机构的人员组成、调整会计规则内部结构,以及增强会计规则信息传递的有效性来提高会计的可操作性、一致性和明晰性,从而提高会计信息的质量。李慧(2005)提出对于会计信息失真的治理对策和措施,具体包括建立有效的激励机制,完善内外部监督机制,建立合理的合同安排来解决信息不对称问题,并在政府规章、完善会计准则和会计制度等方面提出改进意见。刘峰(2001)认为解决会计信息失真的根本措施是规范安排会计法律制度。郑济孝(2008)提出了一些解决对策:形成职业企业家组织并且建立声誉评价系统;提高处罚力度,加大违法成本;降低管理者的预期风险收益,健全会计人员的管理体制;适当推行会计委派制制度及措施;在所有者与管理者之间形成有效的激励与约束机制,提高会计信息的真实性和可靠性。

(3)国内外研究总结与对比

由以上内容可以看出,国外对会计信息失真的研究是在市场经济的持续进行中开展的,随着市场经济的发展而发展,并为解决不断出现的问题而不断完善。就目前的资料看,国外从财务舞弊和盈余管理上界定会计信息失真,主要从会计人员的素质、会计制度和公司治理结构上寻找会计信息失真的动因,并主要从强化企业内控、完善会计准则,以及营造诚信社会文化等方面提出防范和治理会计信息失真的措施,如表3-1所示。这些成果可为我国的会计信息失真问题提供理论背景。

国内对会计信息失真一般先进行分类再分别界定其含义,从外部监管机制、制度因素及公司治理角度等分析其成因,并多次提出加强监管和法治建设、完善公司治理结构,以及加强会计教育来防范和治理会计信息失真问题。

表3-1 国内外会计信息失真研究比较

项目	国外	国内
概念	财务舞弊和盈余管理	不能真实地反映财务信息
原因与动机	公司治理结构 会计制度 会计人员的素质	外部监管机制 制度因素 公司治理和内部控制
治理对策	强化企业内控 完善会计准则 营造诚信社会文化	完善公司治理结构、加强内控 加强监管和法治建设 加强会计教育

3. 研究内容和方法

根据前文对国内外会计信息失真问题研究文献的比较,本书试图找出我国会计信息失真的特殊性,有针对性地进行探讨,并提出改善目前虚假会计信息状况的对策。

(1)研究内容

前面章节从会计信息失真的现象出发介绍了本书研究的背景和意义、国内外相关研究、主要内容和方法。接下来的部分将重点讨论会计信息失真的概念和相关理论,并对会计信息失真的含义进行界定,介绍会计信息失真相关基础理论,为之后的探讨作理论铺垫。

本研究探讨会计信息失真的动机和表现,并按国有企业、上市公司、外商投资企业和私营企业从主观上分别分析其会计信息失真的动机和表现,再分析其客观因素。理论结合实际,用案例更透彻的分析会计信息失真的过程及后果,并对相关建议进行分析。进一步分析会计信息失真的危害和对策,分析不同类型的公司会计信息失真的危害并提出相应的对策。

(2) 研究方法

本书从传统的理论出发,采用规范研究法、比较分析法和实地调研法讨论了会计信息失真的概念和相关理论,分析了会计信息失真的诱因和表现,结合笔者多年的实践经验,通过实际案例分析呈现会计信息失真的过程,对会计信息失真的危害进行了阐述并提出针对性的建议。

4. 研究创新点

本书在对会计信息失真问题的研究中进行了公司分类,对违法性会计信息失真问题进行重点研究,并结合笔者多年的审计和司法会计鉴定工作经验,采用理论结合丰富的实际案例的方法,凝练出带有普遍指导意义的防范对策。

3.2 会计信息失真的类型和基本理论

会计信息是会计规则执行人根据一定的会计规则而产生出来的。真实性是会计信息最根本的要求。由于各种原因未能揭示出真实的经济活动或经济内容就是会计信息失真。

1. 会计信息失真的类型

根据不同的原则,目前对于会计信息失真有很多的分类方式。吴联生(2003)[①]把会计信息失真分为以下三类。

---

① 吴联生.会计信息失真的"三分法"理论框架与证据[J].会计研究,2003(1):25-30.

规则性失真:会计规则本身所导致的会计信息失真。

违规性失真:会计规则执行者故意违背会计规则而导致的会计信息失真。它与会计规则无关。

行为性失真:会计规则执行者在并没有故意违背会计规则的动机的情况下,采取的不当会计规则执行行为所导致的会计信息失真行为。

当客观环境有所变化时,我国会计核算的规定不能灵活改变。这必然会导致会计信息反映的误差和失真即规则性失真。治理和防范会计信息规则性失真,提高会计规范的质量是会计理论界和实务界的艰巨任务。具体而言,对于会计原则和会计方法,要尽量采用能够反映物本身及物之间的技术转化关系;会计规则要尽可能合理反映社会和经济事实。

会计信息行为性失真是由于会计人员的主观判断错误或经验不足,导致会计信息不能真实地反映客观事实。对于会计信息行为性失真的治理重点是不断地促使会计人员的再学习再教育,使其能够强化和更新会计知识以胜任会计工作。另外,可以广泛应用计算机技术并赋予会计软件检查功能来核查会计人员在工作中的失误。这两种情况均非恶意造成,而是制度和人类活动的有限性导致。违规性会计信息失真是目前最为棘手的问题,也是本书所要研究的重点问题。

2. 会计信息失真问题研究的理论基础

对于会计信息失真问题存在的根源和相应的解决办法,学者们主要从委托-代理理论、信息不对称理论、内部人控制理论和制度安排理论等角度进行了深入的研究。

(1) 委托-代理理论

1976年,Jensen and Meckling提出了委托-代理理论(Principal-Agent Theory),把委托关系定义为一个人或一些人(即委托人)委托其他人(即受托人)根据委托人利益从事某些活动,并授予代理人一些决策权的契约关系。他们认为:股东和经理人员之间的契约是一种代理关系。代理成本包括签约成本、实施成本、监督成本及监督不力所造成的损失;让管理者成为剩余权益所有者,虽然不可能完全解决代理成本问题,但是在一定程度上能减少代理成本。

所有权与经营权的分离形成了投资者和管理者之间的委托代理关系。委托代理关系是一种典型的契约关系,契约当事人一方是资产所有者即投资者或委托人,另一方是资产使用者即经营者或受托人。委托者以契约形式将资产使用权转让给受托人,受托人依据掌握的资源使委托人资产增值最大化,实现企业价值最大化。在企业运营中,股东和潜在的投资者决定投、撤资的重要依据就是会计信息。

企业所有者的目标是实现企业价值最大化,而经营者关注的是自己能否继续任职、能否有更多的加薪、如何才能增加休假时间和其他收入等。由于委托与代理双方之间可能会存在某些不一致的因素,而各方是不同的利益主体,追求自身利益最大化,因此就可能出现利益冲突。企业所有者"让代理人拿最少的钱干最多的事"的目标与企业经营者"拿最多的钱做最少的事"的理想相悖。于是,委托代理问题就导致了委托人与代理人之间的博弈。然而,企业经营者的自利行为倾向必然使其尽一切努力为自己争取利益。如实提供会计信息会有助于企业所有者实现其目标,但不是时刻提供真实的会计信息都有利于经营者的。提供的会计信息的数量和质量甚至虚实均由是否满足经营者效用最大化来决定。这时,会计信息作为谋求私利的工具,其真实性则遭受巨大的挑战。企业经营者能够影响和改变会计信息,自然会采取一定的手段进行盈余管理或者财务舞弊,操纵会计信息。

治理委托代理问题的根本在于委托人如何制约代理人以达到自身的效益最优化。委托-代理理论挖掘了会计信息失真的经济学根源,为深入研究企业内部利益方之间的相互关系提供了理论依据,也是本书的一个重要理论基础。

(2)信息不对称理论

所谓信息不对称是指经济活动中信息的分布是不均匀的,在同一经济活动中的各交易主体所持有的信息可能是不等的。

信息不对称表现为两个方面,即签约前的信息不对称和签约后的信息不对称。签约前的信息不对称可能表现为代理人比委托人更了解自己的能力和偏好,这时可能会导致"逆向选择"。逆向选择是指委托人不知道代理人的某些信息,不能预测其代理行为,或者代理人有意隐瞒实际情况,使委托人无法了解代理人是否能更好地满足委托人的要求,而与其签订有利于代理人的委托契约,导致市场资源配置扭曲。

签约后信息不对称表现为代理人为谋求私利可能会采取措施使会计信息有利于自身的方向倾斜,导致"道德风险"。道德风险是指人们享有自己行为的收益而将成本转嫁给他人,给他人造成损失的自私行为。

信息不对称的出现使会计信息违规性失真进一步成为可能。在企业运营的过程中,企业所有者没有实际参与企业的生产运营和日常管理活动,所以不容易或不完全看到经营者的行为。经营者的付出程度只有自己知道,而企业所有者难以观察到。企业所有者不与企业经营活动直接接触,对企业运营的真实状况的了解程度还不及企业经营者。这样,经营者在信息占有方面处于优势地位,企业所有者处于相对劣势地位。对于经营者来说,可能不会太多地关心企业的长远发展。这时,为了自身的利益,如不被解聘或提高报酬,经营者利用"内部人控制"可能向所有者和其他利益相关者传达企业不真实的信息甚至谎报信息,还有可能故意隐瞒、歪曲或遗漏有关信息,使会计信息向有利于自身的方向倾斜,误导企业所有者从而侵害所有者的利益。委托人即使通过某些途径加深对企业的了解,也很可能在时间上已经滞后了,或者没有代理人掌握的信息完整充分,这都影响了企业的运营及委托人自身的利益。

这两种状况都会严重影响市场运行效率并经常导致"市场失灵"。现阶段我们只有通过设计出行之有效的方法来弱化不对称信息,才能有效控制"逆向选择"和"道德风险"带来的负面效应。本书在分析会计信息失真的成因时应用到了此理论。

(3) 内部人控制理论

内部人控制理论由日本著名经济学家青木昌彦教授创立。他认为,内部人控制是国有企业的经理或厂长在企业公司化过程中获得相当一部分控制权的现象。究其原因,在经济转型中,政府对国有企业治理权力的下放,使企业经理人获得了不可逆转的权威。经理人利用计划经济解体后对权力监督的"真空",加强其在企业上的控制权形成了"内部人控制"的局面。

(4) 制度安排理论

会计信息失真的"制度安排论"来源于斯诺的制度理论。斯诺认为:制度在社会中起着更为根本性的作用,它们是决定长期经济绩效的基本因素。他还认为,推动制度变迁的行为主体都是追求利益最大化。目前我国关于会计信息的制度安排主要有《中华人民共和国会计法》《企业会计准则》《企业会计制度》《中小企业会计准则》,以及证监会颁布的上市公司信息披露规则等。本书在阐述会计信息失真的原因和对会计信息失真的治理中均应用了制度安排论。研究表明,建立高质量的会计准则体系,同时增强各准则之间的协调性并强化执行度,有助于提升会计信息质量。

3.3 会计信息失真的相关案例分析

1. 账外销售,逃脱税款

某市机械厂,1998年12月29日改制成 KL 轻工机械(集团)股份公司,隶属于国家轻工部,后来由于国家的经济体制改革移交给该市人民政府主管,是生产制糖设备的专业公司。公司有财务管理人员21人,包括总经济师、副总会计师、财务科长、副科长及各基层财务人员。注册资本1316万元,截至20××年12月31日,总资产18 218万元,实现销售收入7060万元,实现税后利润93万元。公司上缴国家税金61万元,扣除国家财政先征后返11万元,实际缴入国家国库的税金50万元。这份财务会计报告,由该公司编制,报市机电局初审，再报市财政局复审后，由 YN 会计师事务所审计，最后向主管机关国资委、工商局、商业银行等会计信息需求主体报送。对于该公司会计信息是否真实可靠、是否真实、合法、合理地反映国家与公司的利益分配关系，我们在这里先不做评论。现在分析该公司截至20××年12月31日的财务状况、经营成果和现金流量。

笔者的团队在审查公司会计信息中，重点对公司采购、生产、销售等主要环节实施必要的审计，从形式上看不出任何的异常。当笔者到产成品仓库时，在产成品仓库管理人员笔记本上意外的发现，公司已生产完成价值8783万元的产成品——制糖机器设备，已被运走。然而，在产成品和存货账目上没有反映和记录，价值8783万元的产成品，还挂在账、表上的"存货"里。笔者根据自身多年的实践经验，对"存货"科目、往来款项科目"应收账款""预收账款""应缴税金""产品销售收入"和"生产成本"进行逻辑思维推断，断定该公司的财务存在舞弊行为。笔者与管理当局总经济师交谈证实，该公司产成品——制糖机器设备8783万元的确已销售出去，但未开具销货发票。这样一来，公司财务报告上产成品成本没有结转，未作销售收入计价，更不存在应交增值税－销项税额。以下是"应交税金－应交增值税"科目丁字账如图3-1所示。

原本应计提的销项税金8783×17%＝1493（万元）。根据图3-1分析，在应交税金－应交增值税的借方不变的前提下，应交税金－应交增值税明细科目的余额就由借方的34万元变成贷方余额1493-34＝1459万元。指出问题后，审计方要求该公司调整上述会计报表。该公司管理当局却解释称，国家税务机关知晓并默许他们这种行为，公司主管机关和财政机关的官员在预审会计报表时，不仅同意该做法，还明确数据不能更改，会计师事务所负责人在与该公司管理层反复交涉时，公司管理当局均以此为由拒绝，最终以会计师事务所妥协而收场。

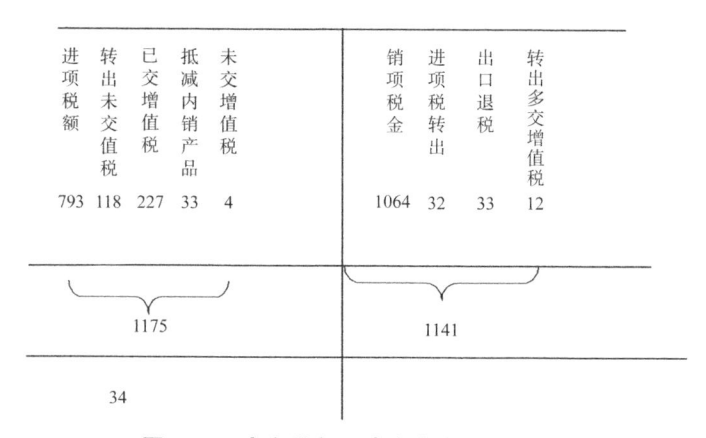

进项税额	转出未交增值税	已交增值税	抵减内销产品	未交增值税	销项税金	进项税转出	出口退税	转出多交增值税
793	118	227	33	4	1064	32	33	12

1175　　　　　　　　　　　1141

34

图3-1　应交税金－应交增值税明细科目

从这个案例中,可以发现以下几点。第一,公司未遵守国家会计、税收法律、法规及制度,管理当局为了自身的利益,通过财务舞弊行为以掩饰其违法行为。第二,面对如此情况,部分地方税务机关纵容和包庇其舞弊行为,不能依法行政、监督不力甚至坐视不管。第三,会计师事务所对公司的审计监督失去了独立性,没有发挥其真正的社会监督作用,注册会计师(Certified Public Accountant,CPA)作为市场公正者,却受到了市场环境的影响,成为市场相关利益方操纵市场、进行幕后交易的工具。

该机械厂隶属国有企业,存在委托代理、内部人控制问题及制度不完善等原因,企业管理者偷逃税费,经营者或维护企业自身的利益或为私欲进行会计信息造假。国有产权不明晰、公司治理结构缺陷,以及激励机制和约束机制不健全,导致企业实施与国家法律政策相悖的违规行为。结果导致国家税收流失,国家与公司的分配关系失衡,进而影响国家的财政收入和宏观调控。企业的社会责任感的缺失、监管机构的缺陷和行业组织的不独立,也为会计信息失真的滋生提供了温床,必须及时防范与制止,严防这种现象蔓延。

2. 联合舞弊,侵蚀资产

某特种工程有限公司(以下简称某特种公司)隶属国有独立核算的企业法人单位,注册资金1000万元,经营范围:工程造价1000万元以下的各类地基与基础工程设施、中型水利水电工程及辅助生产设施等。这是一个典型财务舞弊案例。在这个案例中,管理者与执行者为了共同利益合谋进行会计造假,应引起社会广泛关注。

(1)管理层领导的财务舞弊行为

①私设账外账——小金库。

某特种公司在进行正常财务会计核算的同时,设立了另外一套账,主要包括:记账凭证13本、银行日记账1本、现金日记账2本、特种公司2007—2008年总账1本及局大院水井账1套等。为了不将本公司收取的技术咨询服务费入账,一些与特种公司有往来关系的客户,用特种公司银行户头套取现金,先后在银行开设三个账户,接着又注销两个账户,余额取出、转入某银行支行账户,截止日该账户的账面余额为453 156.14元。

②账外资金的收支经营活动情况——体外循环。

根据某特种公司提供的账外财务会计资料,专业技术人员从原始单据、记账凭证、现金及银行日记账、总账、明细账等(未编制会计报表)对整个会计核算系统详细核对验证。由于是账外账(第二套账)会计核算不规范,中间还有一段时间,未按会计核算程序进行会计账务处理,只有出纳余某的日记账,没有会计账簿记录。

账外资金的收支经营活动情况:公司张某在处理应收工程技术咨询服务费、代收挂靠单位或个人的往来款项时,收入不入账,直接用假发票报销各种费用支出,甚至虚报冒领公司的资金,通过这些不当行为变相吞噬企业资产。舞弊期间,总收入7 484 475.48元,总支出6 815 257.81元,其中:工资及补贴894 074.78元;招待费404 919.78元;工程及其他费2 888 081.76元;往来款976 339.89元;提取现金1 651 841.60元。余额669 217.67元(账面余额670 823.01元,其中:现金214 808.69元,银行存款——特种公司某支行账户456 014.32元)。

部分费用支出用假发票报销,虚报冒领特种公司的款项335 529.87元。

经主管税务机关鉴定,张某用假发票报销的部分费用,通过本公司职工杨某、李某等人以经办人的名义在发票上签字,再由张某审批签字。杨某、李某持授权审批的发票到特种公司财务部,由出纳余某从小金库中将现金取出交给张某。

依据省地方税务局技术鉴定结论,表3-2列出的发票系张某伪造的发票。

依据省国家税务局鉴定书,表3-3中的9张发票全部是假发票。

表3-2 伪造发票情况统计

出具发票日期	开具单位	发票号码	发票金额/元
2005年8月16日	某大型汽车经贸运输总公司	00888774	9600
2005年10月30日	某大型汽车经贸运输总公司	00888772	9200
2005年12月23日	某大型汽车经贸运输总公司	0113461	28 000
2006年1月16日	某汽车运输公司	16770115	25 200
合计			72 000

表3-3 假发票统计

序号	出具发票日期	开具单位	发票号码	发票金额/元
1	2006年1月12日	HD工贸有限公司	04653814	50 000
2	2006年4月12日	HB商贸有限公司	04936617	50 000
3	2006年1月23日	HD工贸有限公司	04858423	30 000
4	2006年1月16日	HD工贸有限公司	04858416	48 000
5	2006年1月28日	HD工贸有限公司	04858417	48 000
6	2006年2月21日	HB商贸有限公司	04936603	30 000
7	2006年3月20日	某上阀机电经营门市	01643292	47 800
8	2004年12月31日	RX科技开发有限公司	03038441	37 869
9	2004年11月2日	RX科技开发有限公司	03148016	16 860.87
假发票报销费用共计				358 529.87

分析结论如下。

张某私设账外账——小金库,任职期间账外账的收支活动情况:总收入 5 832 633.88 元,总支出 5 163 416.21 元,余额 669 217.67 元。

张某在任职期间,贪污资金数额为 630 329.87 元,其中:伪造发票、假发票报销费用,虚报冒领特种公司的现金 407 529.87 元;以领代报的费用 110 800 元;用于与经济业务内容不符的发票报销费用 112 000 元。

(2)执行层财务人员的会计舞弊行为

①2007 年 1—12 月的财务收支情况,查证出纳余某支取现金未入公司账的具体数额。

在某特种公司和某银行的配合下,笔者将 2007 年 1—12 月所有与涉案金额有关的现金、银行日记账,银行对账单与银行保留的原始单据逐笔核对,通过核对工作,查清了余某经手的业务,发现其从银行提取现金而未入公司账户的资金数额情况如下。

2006 年公司银行日记账与银行对账单(公司账户 5177)核对,存在未达账项 8690 元,属企业已付,银行在 2007 年 1 月已支付。

2007 年 4 月 19 日,余某从某特种公司在某行支行账户转 100 000 元,2007 年 12 月 25 日从某行某账户转 259 264.5 元,两笔合计 359 264.5 元,而在公司账上未作反映,经核实以上两笔资金属余某挪用公款,据为己用。

在公司不知情的情况下,余某擅自利用公司账户为其他单位和个人套取现金 309 698.59 元。

以上未入公司账上的支出总金额为 677 653.09 元,扣除 2006 年未达账项 8690 元和套取现金 309 698.59 元。余某 2007 年实际从某银行提取现金 359 264.50 元。经查实其用现金支票提取的现金未入公司账挪为己用,为了弥补某银行提取现金的亏空数,又从某行支行转两笔资金到某行账户,合计 359 264.50 元,使公司账户余额与银行对账单余额一致。

②从 2008 年 1 月至 5 月 20 日的财务收支情况,查证了余某支取现金而未

入公司账的具体数额情况:存在 4 笔收入,金额达 251 000 元;支出 1 笔金额 272.17 元。详细见表 3-4。

表 3-4 支取现金数额统计

发生日期	项目	发生金额/元
2008 年 1 月 31 日	KM 一建汇入	20 000
2008 年 2 月 4 日	某建筑公司汇入	15 000
2008 年 2 月 13 日	某房地产公司转入	16 000
2008 年 5 月 9 日	支付电话费	-272.17
2008 年 5 月 13 日	收某所工程款	200 000

经查实余某 2008 年 1—4 月支取现金 788 800 元未入公司账。详细见表 3-5。

表 3-5 支取现金数额统计

序号	日期	支票代码	取现金额/元	合计
1	2008 年 1 月 2 日	894685	65 000	788 800
2	2008 年 1 月 4 日	894686	20 000	
3	2008 年 1 月 7 日	894687	80 000	
4	2008 年 1 月 24 日	896403	60 000	
5	2008 年 1 月 30 日	896407	20 000	
6	2008 年 1 月 31 日	896408	30 000	
7	2008 年 2 月 20 日	896411	95 000	
8	2008 年 3 月 7 日	896415	73 800	
9	2008 年 4 月 14 日	896417	95 000	
10	2008 年 4 月 14 日	896416	90 000	
11	2008 年 4 月 16 日	882869	70 000	
12	2008 年 4 月 28 日	896418	90 000	

分析如下。

余某在2006年11月至2008年5月,用现金支票从某银行支行提取现金1 148 064.50元(经核实所提现金未入公司账户),其中:2007年提取现金359 264.50元;2008年1月至5月20日提取现金788 800元。

余某擅自利用公司账户为其他单位和个人套取现金309 698.59元。

该公司的财务报表经过某知名的会计师事务所审计,出具了无保留意见的审计报告。公司领导张某将业务收入748万元,支出682万元,虚报冒领63万元,作为账外资金,体外循环,以权谋私,自行支配;触犯了国家刑法被判处有期徒刑10年。财务人员余某伪造银行现金支票,从私设的另一个账户提取现金115万元,贪污挪用,未入公司账上,套现31万元。案发前该公司向会计信息使用者提供虚假的会计信息欺骗社会公众。会计师事务所在审计中,对其货币资金实施审计程序,询证函开户银行盖章回函显示余额相符,没有发现异常,未发现其财务舞弊行为。案发后,余某因其违法行为被依法判处有期徒刑16年。

在本案例中,出现管理层私设小金库、体外循环账外资金、利用假发票报销费用、执行层财务人员私自提现而不入账等违法行为。可见公司治理以及内部管控存在严重缺陷,企业领导人和基层人员均因为个人贪欲侵占企业资产。其恶劣行为不但没有受到企业组织的各方牵制反而形成相关单位和个人勾结合谋的情形。这是委托-代理问题、内部人控制、信息不对称及制度不完善所引发的问题,也是代理人私欲膨胀及道德缺失的结果。会计师事务所执业能力亟待加强。管理层和执行人员联合侵犯企业资产,通过会计信息造假来掩盖其恶劣的违法行为进而导致会计信息失真,欺骗了国家和政府,损害了企业的利益,侵犯了其他利益相关者的合法权益。

3. 财务造假,欺诈公众

某生物科技股份有限公司在2010年涉及虚设资产、虚增收入、虚增利润,涉嫌违规披露及不披露重要的会计信息。自2007年年底挂牌以来,公司连换两届财务总监,三次更换会计师事务所,四次变更业绩预告,高管频繁离职,股东忙于套现……然而股价却连续上涨。最终,该公司欺诈发行案在2011年年末告一段落,上市公司以欺诈发行等罪责,被处400万元罚金,公司多名高管被判处二至三年不等的有期徒刑。而在这个过程中,公司股价几经波折,从2011年1月4日的开盘价28元,直回落至27日收盘价10.78元,市值缩水超过六成。

根据公司公告,2005年至2007年,被告企业前董事长何×葵等人共同策划被告单位发行股票并上市。由被告人赵×丽、赵×艳登记注册一批关联公司,这些关联公司或由该公司直接控制,或由该公司控制其银行账户。他们利用相关银行账户进行虚增业务、虚增资产、虚增收入的操作。

为此,在2010年年报披露时,会计师事务所对上市公司出具了非标准性审计意见。由于业绩存在重大不确定性,公司年内还被实施风险警示。(该公司审计报告全文可查阅深交所网站)

回望该公司案件,我们不禁怀疑,该公司是如何在2007年得以上市的?该公司作为一家上市公司,为了上市,掩饰其经营不善和避免企业资产缩水,不惜通过虚设资产、虚报利润、瞒报重要的财务信息及披露虚假的财务信息,欺骗社会公众以骗取投资。从根源上讲,这是委托代理问题、信息不对称,以及制度不完善造成的,也暴露出其在公司治理方面存在的严重的亟待解决的问题。大股东急于套现行为严重侵害了小股东的利益,使社会财富分配不公,其社会责任心亟待加强。本例也反映出资本市场财务造假与欺诈上市成本太低,导致部分上市公司、高管及中介机构敢于铤而走险。本例极其鲜明地揭示了上市公司会计信息失真的一般动因及手段。上市公司确保信息透明、保障企业盈利持续增长以回馈投资者,是市场对其的基本要求;然而部分企业通过财务造假制造会计信息失真,向社会披露虚假的会计信息,欺骗广大投资者,对社会产生恶劣影响。

综上所述,不管是何种类型的公司,均可能存在会计信息失真问题。某机械厂、某特种工程有限公司,以及某生物科技股份有限公司或因偷逃税费,或因私设小金库,或因欺诈发行股票等通过不同手段进行财务造假来欺诈广大投资人和利益相关者。其根源在于委托代理问题、内部人控制现象、信息不对称及制度不完善,同时也暴露出公司治理有待加强、内部控制制度有待完善、法制有待不健全、社会监督力有待提升。不同类型的企业有各自鲜明的会计信息失真的动因和表现,其后果都是非常严重和恶劣的。

3.4 我国会计信息失真的动因、表现及危害性分析

会计信息失真是市场经济发展过程中不可忽视的问题,它影响企业财务管理的透明度。它是由企业内部治理结构、财务监管体系不健全等多方面因素导致的。近年来,随着经济全球化和资本市场的开放,国家加强了财务监管体系建设,出台了一系列法律法规来规范会计信息披露。如《企业会计准则》和《证券法》的修订,为提升会计信息的真实性提供了制度保障。然而,在实际操作过程中,仍有部分企业因各种动机而进行财务数据的操控。

1. 国有企业会计信息失真的动因及表现

(1) 受政策导向和行政干预影响

企业财务行为受到政府政策的影响。例如,部分国有企业可能通过延迟确认亏损或提前确认收入,以保持良好的财务业绩,从而获得政府补贴或融资支持。

(2) 业绩考核与激励机制的缺陷

部分国有企业的管理层绩效考核机制与企业财务指标直接挂钩。例如,利润增长率、资产回报率等。这种考核方式可能导致管理层为了短期利益而操纵财务报表。一些企业可能通过调整折旧费用、虚增收入或隐瞒负债等方式,来提升财务指标,进而获取更高的绩效奖励。

(3) 财务监管体系的漏洞

虽然国家对财务监管体系进行了不断完善,但在某些领域仍然存在执行力度不足的问题。

(4) 案例分析：某大型国有企业财务造假事件

某国有企业曾因虚增收入高达 30 亿元而被监管机构调查。该企业通过关联交易、虚假采购合同等手段夸大销售收入，使财务报表看起来更"健康"，以吸引投资者和政府支持。该企业因财务造假被处以高额罚款，相关高管也被追究法律责任。

2. 上市公司会计信息失真的动因及表现

国有企业会计信息失真的诱因及表现对上市公司同样适用，我们仅对其不同的方面进行阐述。另外，由于上市公司需要在公开市场募集资金或者避免退市，因此还存在更多导致会计信息失真的原因。

(1) 为融资而粉饰会计报表

企业的两个主要融资渠道是发行股票和银行贷款。由于政府对公司上市制定了很多指标，如入市前三年要连续盈利等。公司为了获取上市资格便虚构企业利润、资产等制造虚假会计信息，也就构成了会计信息失真。甚至为了获得理想的募集资金，在盈利预算报表上做手脚。类似于国有企业，上市公司为取得银行借款须具备的条件也会粉饰其财务报表，使银行在评估其财务状况、经营业绩和现金流量时符合借款条件。

(2) 为避免 ST、PT 和退市操纵会计信息

根据深、沪两地证券交易所的《股票上市规则》，上市公司上市后财务状况和经营状况如果恶化会导致其被特别处理(Special Treatment, ST)、暂停交易(Particular Transfer, PT)甚至退市。上市公司一旦被特别处理、暂停上市乃至退市，公司相关利益者的利益将会受到损失。于是，上市公司可能会操纵其会计信息，作出"好看"的财务报表。

(3) 炒作股票

上市公司的股价与各方利益相连，包括企业经营者、投资者和投资机构等。于是在市场上，公司与券商联手炒作股票，在出具财务报表时，给大家呈现了"漂亮"的会计报表和分配方案。通过炒作股票来欺骗广大中小投资者。

对于上市公司而言,其会计信息失真的诱因还包括偷税漏税、配股及股票期权的激励机制的实施等。

3. 外商投资企业和私营企业会计信息失真的动因及表现

国有企业会计信息失真的诱因及表现对外商投资企业和私营企业同样适用,以下仅对其不同的动机进行说明。

(1) 吸引投资

有些外商投资企业和私营企业为了吸引投资而编制虚假的财务信息。在市场经济中,企业都希望把自己做大做强,因此他们千方百计地想要吸引投资合伙人。许多企业便制造虚假的会计信息使其账面上显示出企业规模宏大、资产丰富的假象,以吸引投资。

(2) 利润分配动机

在利润分配上的自私心态也会导致会计信息失真。比如,企业的部分投资者通过关联交易将企业的利润转移至其他公司或国外企业,使得原本盈利状况良好的企业账面呈现出亏损状态。

此外,外商投资企业和私营企业会计信息失真还有其他诱因,如偷逃税费、取得贷款、获得荣誉等。

综上所述,我们可以看出,不同类型的公司会计信息造假的主观动因是不一样的。在国有企业中,委托代理、信息不对称、内部人控制及制度因素等问题,致使管理者膨胀的私欲得逞;委托代理问题、信息不对称及制度因素同样引起上市公司会计信息失真,上市公司还因融资、避免ST、PT和退市、炒作股票而操纵会计信息;对于外商投资企业和私营企业,其动机除以上因素外,还包括吸引投资、利润分配等。

4. 会计信息失真的客观因素分析

实际上,对于违规性会计信息失真的动因和表现,学术界和实务界的认识比较统一。以上从主观上分析了违规性会计信息失真的成因,然而如果不存在客观因素,即使存在以上分析的各种成因也不能导致会计信息失真的事实。下面,笔者从客观因素的视角出发,分析造成会计信息失真发生的机会因素。

(1)国有企业产权不清晰,内部人控制现象严重

产权不清晰是我国国有企业会计信息失真的根本原因。首先,产权界定不明确会使部分产权置于公共领域,一些集体或个人就顺理成章地从国有企业中谋求"公共产品"。其次,产权界定不明确还会导致无法有效实施会计监督。因为产权界定是确定会计信息监督权限的前提。

另外,国有企业存在"内部人控制"问题。"内部人"为追求自身利益最大化往往置企业的利益不顾,通过操纵会计信息掩饰其对企业造成的损失,造成会计信息失真的局面。

(2)股权结构不合理

我国一些上市公司存在股权结构不合理问题,"一股"独大现象较为严重。公司被大股东控制,小股东不能很好地争取自己的利益。大股东私欲膨胀,为了自身利益会利用资产重组或炒作股票等手段侵蚀小股东的利益。

(3)公司治理结构不合理、内部控制制度低效

建立企业内部控制制度的目的是发现、防止和纠正舞弊。然而,较多的因素使我国企业内部控制失效。比如,股权结构不合理、董事会结构失衡、对经理的监督不到位,监事会没有发挥其监督作用、独立董事的作用难以发挥等。这些都导致内部控制制度没有发挥其应有的作用,企业内部滋生重大舞弊行为,并引发会计信息失真。

(4)激励机制不健全

在国有企业占主导地位的上市公司中,存在激励机制不健全的问题。第一,存在经营者权力集中,对企业的长期发展不够重视;第二,对有些经营者激励不足,极力突出业绩和增加个人财富的想法也会促使他们不顾企业的发展作出不法之举。由此,激励机制的不健全会促使经营者为了自身的利益编制出虚假的财务信息,造成会计信息失真的结果。

(5) 会计准则不完善

会计准则的制定是各利益相关方相互博弈的结果。在制定过程中,各利益相关方都希望制定出的准则对自己最有益。因此,为使各方接受博弈的结果,必须放宽会计准则对某些经济业务的会计处理的空间,使各方利益"折中"。这种放宽制度常常为会计处理过程的违规操作提供了可能。

(6) 政府监管和中介机构监督存在一定的缺陷

政府监督、行业自律组织权限分散,不同部门之间协调监管时均以各个监管部门的成本和利益为出发点,导致监管不力。注册会计师受其成本效益原则制约而不从社会利益的角度出发进行审计、注册会计师联合企业进行隐瞒真相、出具标准审计意见,等等。另外,会计师事务所独立性不强也是原因之一,由于社会体制的因素,会计师事务所受某些监管机构的牵制导致其审计监督失去独立性,也会默许企业会计信息造假行为的发生。

(7) 对会计违法行为的处罚力度不够

对会计违法行为的处罚力度不足,导致犯罪成本低。企业会计信息造假往往牵涉众多单位和人员,甚至包括执法人员,他们相互串通编制的虚假财务信息极具隐蔽性。即便造假行为被发现,监管部门大多仅采用行政手段,极少运用刑罚手段,这无疑纵容了不法分子,使其无视法纪、肆意妄为。

综上所述,导致会计信息失真的因素很多,包括人为的主观因素和外界的客观因素。除了以上因素外,还包括聘任及考核机制的不完善、外在监督力不强、企业社会责任感缺失、社会诚信不足,等等。这些因素影响着我国会计信息的质量。

会计信息失真的动机是多种多样的,而虚假的会计信息的危害是极大的。上述案例向我们展示了会计信息失真的一般手段。

5. 会计信息失真的危害性分析

从国家层面看,会计信息失真会造成国有资产的流失,减少国家的税收,导致国家利益受损,不利于资源的合理配置和产业结构的优化,加剧了社会分配不公,造成市场经济秩序紊乱,隐藏着社会不安的因子;对企业而言,虚假失真的会计信息会使公司在重大决策上判断失误,还会给企业带来不良的商业信誉,不利于公司可持续发展和经营;对利益相关者而言,由于信息不对称,失真的会计信息会使利益相关者作出错误的投资决策,造成不可挽回的经济损失。归纳起来,这些危害包括以下几个方面。

(1)削弱国家宏观调控的能力,使国有资产流失

会计信息是经济信息的基础,而经济信息是国家宏观调控的依据。失真的会计信息将影响国家在宏观调控上的决策。比如,普遍存在的虚增利润现象,导致国民收入超量分配等不良后果。同时,失真的会计信息隐藏了许多的经济问题,国家不能及时制定相应的政策予以解决。从而导致资源配置效率低,国有资产严重流失,造成大范围内的国家利益受损。2011年《国家税务局系统税收征管情况审计结果(第34号)》[①]是审计署对国家税务总局和北京市、深圳市等18个省(区、市)国税系统2009年至2010年的税收征管情况进行的审计。其审计结果显示:有的涉税审批或涉税意见不合规,对企业不实申报审核不严,造成税款流失高达34.05亿元,其中18个省(区、市)的73家国税局对企业少报收入、多报支出等问题审核不严格,少征税款8.27亿元。而一些企业违法购买使用发票、虚开增值税发票,造成税款流失14.33亿元。

(2)损害投资者和债权人的利益,造成市场信用危机和资源浪费

外部投资者和债权人主要通过财务报表中各种财务指标来了解企业经营和盈利的情况。经营管理者为获得投资者和债权人的投资粉饰会计报表,虚增利润、虚夸企业的经营业绩。一旦被投资者和债权人发现,企业将陷入更大的财务危机与信誉危机,影响其持续经营和发展。同时,侵犯了广大投资者和债权人的利益,使社会公众怀疑会计的诚信,也会从根本上危及市场经济信用机制的形成,削弱和扭曲了资本市场的资金筹集和资源的调配功能,造成了资源浪费,同时也削弱了市场的公平竞争机制。

---

① 《审计结果公告(2011年第34号)》,中华人民共和国审计署,2011年6月27日。

(3)社会分配不公,增添了社会不安的因素

会计信息失真不仅影响资源配置效率,还涉及利益相关者的利益分配关系。社会分配不公,不利于社会的稳定,此外,会计信息造假引发的股市震荡、公司裁员、失业人员增加、股民人心浮动,很可能引发社会动荡,增加了社会不安定的因素。如美国某电信公司会计造假丑闻爆出之后,该公司的股价一落千丈,财务状况陷入了困境,被迫裁掉17 000人;意大利某财务丑闻也造成了与此有联系的5000家牛奶公司资金链断裂,停顿生产,工人失业。

在我国,国有企业包括中央政府和地方政府参与或控制的企业。一般来说,政府的意志和利益决定了企业的行为,但是部分国有企业的管理者出于自身利益的考虑而干涉或操纵会计工作,造成会计信息失真。

3.5 会计信息失真的综合治理对策

会计信息失真危害性极大,大到国家小到个人。我们必须动员社会力量积极参与遏制会计信息失真的行为,维护社会经济秩序。会计信息失真涉及多个方面,如法律体系、会计准则和会计政策、公司治理和内部控制、监督部门的监管力度等。本书从微观范畴和宏观范畴,即企业层面,如公司治理、内部控制;国家层面如健全法律法规、加大法律执行力及惩罚力度等方面来探讨。

1. 从企业层面防范会计信息失真

(1)加强公司内部控制,防范会计信息失真

20世纪90年代以来,西方会计理论界对会计信息失真的研究逐渐深化。1992年9月,美国反虚假财务报告委员会的赞助组织委员会(Committee of Sponsoring Organizations,COSO)发布了《内部控制整体框架》,这份研究报告对内部控制的概念论述较为全面。该研究报告认为,内部控制整体框架包括5个相互联系的要素,即控制环境、风险评估、控制活动、信息传递和监督。内部控制对会计信息质量起到保证作用。一方面内控制度能够提高会计信息透明度,有效健全的内控制度有利于防止贪污腐败等犯罪行为,维护物资财产的安全完

整,避免和纠正损失浪费等问题;另一方面内控制度有利于保证会计信息的真实性和正确性,建立有效健全的内控制度可以保证会计信息的采集、归类、记录和汇总真实准确,如实反映企业生产经营活动的情况,并及时发现和纠正错弊,从而保证会计信息的真实性和正确性。

无论是国有企业、上市公司还是民营企业,当前企业内部控制的意识均有待增强。相当一部分企业对内部控制制度缺乏重视,导致内部控制制度设置不合理或存在缺失。内部控制制度重在执行,有的企业虽然内部控制制度较为健全,但是执行力不到位,风险管控能力不足,内部审计存在缺陷,就不能做到有效防范舞弊,避免错误。对此,我们应该建立健全科学的内部控制体系,加强内部控制的执行力和监督力,要奖惩分明,加强对内部会计控制的评价和审计,应注重突出各项业务的基本控制环节、程序和相关岗位的职责权限。

企业内部控制标准体系的构建需满足三个要求:一是为了形成一个完整的标准体系,需详细地制定体系标准,具体包括有关内部控制制度的每个方面;二是针对明显的内容制定体系标准,对于比较复杂和特殊的事情也要明确制定体系标准;三是依照法律规定制定规范性标准,充分且深入地了解其内容,对会计信息质量实行内部会计控制制度,对于有关企业单位的内部管理控制的具体指示可以制定出明确的规范性、示范性标准。构建防范会计信息失真的内部控制体系具体的措施有:建立健全企业有效的内部控制制度和内部审计制度;规范会计基础工作,要建立岗位责任制,明确会计事项相关人员的职责权限,明确记账人员与经济业务人员的职责权限,并使之相互分离、相互制约。

(2)提高公司治理水平,防范会计信息失真

虚假会计信息的产生与公司治理结构和内部控制有很大的关系。公司治理不完善,内部控制低效的企业更容易产生会计信息失真。因此,要治理企业会计信息失真,必须在明晰产权的基础上完善公司治理结构,解决内部控制低效等问题,尽快建立规范的企业法人治理结构,有效控制和引导经营者的行为。对于国有企业,应先深化国有改革,建立起现代企业制度,再完善公司治理结构和内部控制。具体措施如下。

第一,加强董事会建设,完善独立董事制度,强化董事会决策功能,确定董事会在公司治理中的核心地位。一是优化董事会结构,改善董事会成员知识结构,董事会成员要专业化,并在专业结构上合理配置,董事会成员之间要有明确的分工,各司其职。此外,董事长与总经理应两职分离,避免权力过于集中。二是强化董事的独立性,完善独立董事聘任制度。引入独立董事是为了制衡大股东,并且能有效监督经理人,避免股东与经理人之间起冲突,减少大股东操纵和内部人控制的不良影响。独立性是独立董事最显著的特点,这也是独立董事的核心所在和有效履职的前提。然而,目前独立董事多为大股东所熟识的人,这时独立董事的独立性就受到质疑。三是完善董事激励与约束机制。独立董事的报酬与公司的绩效无关,一般是由津贴和车马费构成。一旦在经济上依赖于薪酬的董事或与其存在潜在的利益关系,就有可能被高管所控制,削弱其独立性,只是"花瓶董事",从而丧失了独立监督的作用。我们应该通过一系列的制度加以保障,让独立董事履行其应尽义务,促使独立董事制度起到预期的治理作用。我们应该将独立董事予以职业化、专业化和行业化。

第二,完善监事会制度。在公司治理结构中,监事会对公司财务状况、经营管理者及董事会进行有效的监督、检查和评价,在维护公司利益与股东利益方面具有重要的作用。独立监事的制度明确规定监事会应设立审计委员会,而且主要由独立监事组成,并由监事会提名,再选聘会计师事务所进行外部审计。这样就可以有效防范外部审计沦为大股东和内部人进行会计信息造假的工具。

但是,我国企业的监事会存在很大的问题:一是监事会作用发挥不好。在某种程度上,监事会只是公司为"建立现代企业制度"而作的摆设。二是监事会独立性比较差。监事会的经费和报酬很大程度上受控于控股股东和董事会。这样监事会只是在形式上实施的监督,实质上执行的是控股股东和董事会的意愿。三是缺乏对监事的有效激励机制与约束机制。监事会的监督工作与公司的利润和股价没有直接的联系,这就使得监事对公司的贡献很难用绩效指标来考核。因此监事的激励问题非常棘手,且易被忽略。与管理层的报酬相比,监事的收入要低得多。监事缺少认真行使职责的内在动力,而且监事之间"搭便车"现象也很多。此外,监事会成员专业知识不够,所以难以从事比较复杂的监督工作;人员构成不合理,个别公司还存在高管兼任监事。监事会的结构应该是三分之一独立监事、三分之一中小股东代表、三分之一职工代表,这样才能保证监事会决议的独立性并制衡各方利益,同时独立董事与独立监事相互配合才能真正起到保护中小股东和利益相关者的作用,使会计信息更为真实可靠。

第三,建立有效的经理人薪酬激励和约束机制。我国缺乏成熟的职业经理人市场,难以培育高素质的职业经理人。职业经理人的自身素质不够,道德水平不高。由于产权不分明,职业经理人的职业操守制度和信用机制缺陷,职业经理人作为企业经营代理人,为了自身利益达到最大化而作出有违委托人预定目标的行为,增加了代理成本。我国对职业经理人的评价机制不科学,以及考核体系不健全,大多数企业对职业经理人的绩效评价还是基于会计标准,评价标准比较单一,缺乏合理的评价程序。一般来讲,职业经理人的报酬往往与企业利润等财务指标挂钩,为了取得高报酬,管理者便产生粉饰财务报表的动机,以提高自己经营业绩。因此,我们应建立合理有效的薪酬激励机制,降低代理人的逆向选择和道德风险,以减少代理成本。同时,仅仅是激励还是远远不够的,还应采取相应的约束机制,强化管理者的职责。可以借鉴国外的一些经验,美国在一系列大公司丑闻之后,颁布萨班斯-奥克斯利法案,该法案中加重了首席执行官(CEO)、首席财务官(CFO)应担负的个人责任。如果CEO、CFO违反了有关规定,将受到高额罚款或最高20年的监禁。这种法案值得我国借鉴,在给予管理者奖励的同时,也要对其进行约束和监督。

2. 从国家层面防范会计信息失真

(1)建立健全法律制度,加大执法力度

制度缺陷是会计信息失真的根本原因所在,加强制度建设是治理会计信息失真、重铸会计诚信的根本途径。笔者认为可以根据不同性质的公司,如国有企业、上市公司,外商投资和民营企业,并结合行业特点和企业规模,细分我国相关法律法规,防范会计信息失真问题。

然而,制度再完善健全,也要得到有效的执行才能真正发挥治理的作用。公司会计造假本质上是一种违约行为。当违约成本低于预期收益时,公司就有会计造假的冲动。我们对会计造假者的惩罚力度还远远不够,致使某些人仍然敢铤而走险。因此,我们要加大蓄意会计造假的惩罚力度,提高会计造假的成本和风险,遏制会计造假肆意盛行,做到"科学立法、严格执法、公正司法、全民守法",加大会计造假的违法成本,促使会计信息造假者遵守法律法规。

我们可以借鉴萨班斯法案的文件精神,该法案加重对首席执行官、首席财务官等应负担的法律责任,对参与会计信息造假行为的一系列相关管理者和财务人员惩罚措施到位,若造假行为后果严重,应对其追究刑事责任,坚决杜绝其侥幸心理。

(2)加大政府监管和社会监督力度

不少公司为了上市、配股政策、避免被"PT""ST"、摘牌、退市等系列原因而进行盈余管理,应该加强政府相关部门的管制政策,从而提高公司会计造假的风险成本,提高会计信息质量,营造一个有效的资本市场。我国相关政府部门,如税务工商部门等,联合对会计信息失真问题进行防范。笔者提出了如下几个具体的监督防范措施。

①证监会应该贯彻政府的方针政策,着重关注新上市公司资格的审查,负责上市公司配股资格审查、处罚及上市公司信息披露等监管措施,真正起到过滤虚假信息的作用。

②税务部门对企业依法纳税和税款缴纳等环节进行监督时,应注意该公司的会计利润的调整和所得税的计算方法是否合法。

③财政部门或相关司法行政机关针对会计信息失真问题设立专门的机构、经济侦查部门,聘请专业的财务人士,组成分析小组、稽查队伍,定期或不定期对中小企业、上市公司、国有企业及外资企业进行抽查,严厉打击会计造假行为,大大提高会计信息造假的风险成本。

④工商部门可以成立全国的会计信息造假档案系统,建立诚信档案,跟踪

记录调查会计信息造假行为,对有前科的企业进行重点防范。一方面加大企业融资难度,另一方面降低企业信誉度,最终迫使企业不得不提高会计信息质量。

社会监督主要是中介机构(即会计师事务所)对企业的会计信息进行客观公正的监督检查,向债权人、投资者、社会公众及政府提供公允的审计报告,通过注册会计师审计可以提高会计信息的可信度,减少虚假会计信息。"独立性"是注册会计师的灵魂,这是注册会计师执业公平的保证。为提高注册会计师独立性,可以通过扩大会计师事务所规模,提高审计质量,塑造信誉好的品牌,从而增强与管理当局的谈判能力,增强审计独立性;也可以提高审计师违规的成本,遏制注册会计师与管理者合谋的行为。因此,我们需要提高注册会计师的专业胜任能力,加强注册会计师职业道德,提高本身的诚信水平,树立社会责任感,弘扬社会诚信,营造一种良好的诚信氛围。除此之外,笔者认为可以成立检举揭发部门,鼓励中小投资者、社会各界人士及企业财务人员对公司会计信息失真行为积极揭发检举,并对检举者进行适度的奖励;同时形成强大而有效的媒体监督和舆论压力,使得企业提高会计信息质量。

政府工商税务相关部门和社会各界可以联合防范打击会计信息造假行为,多方位形成有效的监督合力,保证高质量的会计信息,防范会计信息失真的发生,有利于政府依据真实可靠的会计信息制定有效的宏观经济政策,促进国民经济健康快速的发展。

3.6 结论

本章内容研究当前我国国有企业、上市公司及外商投资企业和私营企业会计信息失真的问题。从主观上剖析了各不同类型企业会计信息失真产生的多项原因,并讨论了促使其发生的客观因素,包括会计准则不完善、国有企业产权不清晰及内部人控制现象严重、股权结构的不合理、公司治理及内部控制的缺陷等。笔者结合自身多年审计和司法会计鉴定工作实践经验,通过几个典型案例向大家展示了会计信息失真的过程及后果。最后,阐述了会计信息失真宏观和微观上的危害并有的放矢地提出其防范和治理对策：公司治理结构和内部控制的完善对会计信息失真的防范治理起到一定的积极作用，如董事会组织结构、董事会薪酬；监事会成员的构成、监事会的独立性；经理层的薪酬激励与约束机制；内部控制的实施等。除此之外，政府的监管和社会监管力度、会计制度的完善、行业自律在治理会计信息失真是不可或缺的。

会计信息失真是一个较为复杂的社会问题，它需要社会各方面共同积极地参与。只有认识其危害、弄清楚其产生的真正的原因，才能有效地解决会计信息失真问题，才能促使资本市场的持续、健康、稳定的发展。

资料来源：陈德怀工商管理专业硕士学位论文。（硕士电子期刊出版信息为年期：2012年第10期。网络出版时间：2012－09－16—2012－10－15）

第4章 电子数据在司法会计鉴定中的应用

4.1 基本情况

委托人：×市×分局。

委托鉴定事项：对×合作社非法吸收社会公众存款涉案资金数额进行司法会计鉴定。

受理日期：2016年8月19日。

鉴定材料：聘请方提供鉴定的司法会计材料共计1148份。其中：章程14本；公司账本118本；公司会计凭证985本；电子文档27份；某农特产经营专业合作社（××分社）银行交易明细1份；电子勘验检查笔录3份。

鉴定日期：2016年9月30日—2016年11月30日。

鉴定地点：某大学司法鉴定中心办公室。

鉴定人员：蓝×、陈×东、陈×怀、陈×启、叶×、陈×秋、杨×岚、兰×、顾×涛、王×容、张×、黄×。

被鉴定人：L××、S××、W××等17人。

4.2 检案摘要

被鉴定人L××、S××、W××等17人擅自吸收社会公众投资人（以下简称投资人）的资金涉案，本中心接受×市公安局×分局的委托进行司法会计鉴定。

1. 案例简介

被鉴定人L××在担任某农业科技集团有限公司（以下简称某集团公司）法定代表人期间，在未取得国家主管机关特许，以×合作社为主体擅自吸收投资人的资金,从事借贷款业务,支付高额利息。公司在经营中因资金链断裂,缺乏偿还投资人本息能力,并给投资人造成巨大损失,影响了×市的社会安定团结和稳定。

2. 设置两套(本)账,隐瞒吸收社会公众资金

被鉴定人L××虽然按法人主体设立会计机构、配置财会人员,但未按会计准则进行会计核算和编制公司财务报告。违反国家《公司法》《会计法》《企业会计准则》的有关规定,设置两套(本)账核算公司财务会计业务。公司核心实际控制人被鉴定人L××操纵内账,不对外公开披露财务报告,外账披露虚假的财务报告,误导国家主管行政机关、社会公众投资者,隐瞒藏匿吸收社会公众的资金来源和使用,产生了很大的负面影响。

3. 鉴定资料缺失程序受到一定的限制

(1)缺少该合作社2014年、2016年3月纸质部分会计凭证。

(2)内、外账交叉,原始单据只能附在其中一套凭证的后面,导致另一套账的记账凭证上未附原始单据。

(3)外账隐瞒藏匿吸收社会公众存款业务来源和使用。鉴定机构和鉴定专业人员克服了实施鉴定程序受到一定限制的困难,圆满完成了这次受托司法会计工作任务。

4.3 鉴定过程及技术路线

1. 鉴定过程

(1)熟悉案情。

由本中心主任×剑、副主任陈×东教授、曾×教授、刘×善教授等会计和审计知名专家、高级会计师、经验丰富的司法会计鉴定人一行八人到案发地实地观察。初步了解案情,与有关机关沟通鉴定事宜。同时评估本中心的鉴定专业胜任能力,决定是否接受委托。

(2)接受×分局鉴聘字〔2016〕56号鉴定聘请书的委托,并进行鉴定材料的交接。

(3)本中心指派司法鉴定人、会计学教授作为本次鉴定技术总负责人,以高级会计师、会计师作为鉴定专业技术人员组成的工作团队。

(4)鉴定人员根据委托方提供的鉴定材料与特定的鉴定目的,遵循公认的鉴定原则,按照严谨的鉴定程序,运用会计、审计等科学原理,采用证据链接法、系统分析法、因素排除法等方法,在认真分析研究检查验证鉴定材料的基础上,对被鉴定人的涉案金额进行司法会计鉴定。

2. 鉴定技术路线

(1)按照契约中的"意思自治原则"把本次非法吸收社会公众资金发生的合同作为独立的一个板块输入计算机,由于各种主客观方面产生的原因,合同不是很全面,有缺失、遗漏的情况。但是,这是一项基础工作,为配合做好其他工作奠定良好的基础。

(2)以原始交易的第一手资料为重点,将某集团公司、滇×公司、×合作社以非法吸收社会公众资金所发生的原始收据、收付款凭证与会计记账凭证核对一致,这主要针对投资者和被鉴定人。

(3)从公司服务器中取出的电子账上提取非法吸收社会公众资金的数据进行综合分析,这一步是建立在记账凭证的基础上,并以记账凭证形成相互验证。

(4)从公司服务器新股金系统中取出的数据进行了技术分析,判断股金系统与投资者及公司财务数据之间的关系,找出公司内部管理流程的一般规律。

(5)通过对某集团公司实施鉴定程序,从公司的财务状况、经营成果、现金流量中提取需求方的信息,主要是资金流向中的投资、在建工程、固定资产。

(6)与投资人报案材料核对验证,找出差异原因,寻求具体解决问题的办法。

(7)数据逻辑证据链的形成,用计算机将合同、原始单据、账簿记录、股金系统、报案材料相互核对、验证是否符合。分别对不同的情况、类型作出鉴定意见。

由于本案涉案金额较大、持续时间较长、涉及较多的投资人，区域分布某市所辖×区内及其他市县；鉴定资料不齐全，部分原始财务资料缺失等因素，给司法会计鉴定工作带来巨大困难。经过多次研究、反复讨论，制定了一套科学、严谨、实用的鉴定宏观控制的总体方案和具体可操作实施方案，整个鉴定项目团队的工作进展顺利。

4.4 分析说明

经过本所司法鉴定专业人员实施必要的鉴定程序，在鉴定工作中通过对鉴定材料的检验、核对、甄别、查证、排除等技术处理，鉴定情况分析说明如下。

1. 某集团公司的资金来源及流向情况（截至2016年3月31日）

某集团公司主要包括以集团公司为母公司，所属滇×、乾×等关联公司为子公司，是根据金蝶财务软件（内账）汇总处理而成的。受被鉴定人L××实际控制或重大影响的企业为关联方关系，它们之间形成的往来关联，已进行对冲处理，如果还有剩余，根据重要性原则，就对未分配利润进行调整。调整后的债权债务是除关联方以外的债权债务。

（1）资金来源情况

①债务资金（对外债务）319 668 773.09元。

Ⅰ.债权人提供资金311 840 897.69元，其中：社员内部短期股金222 990 400.00元，其他名义投资款88 850 497.69元；

Ⅱ.经营性债务7 827 875.40元。

②权益资金73 776 325.94元。

Ⅰ.股东提供资金18 430 000.00元，其中：黄×芳1 350 000.00元；L××16 480 000.00元；黄×武300 000.00元；李×明100 000.00元；孔×200 000.00元。

Ⅱ.社员股金52 876 525.94元；

Ⅲ.专项基金（政府补助）2 469 800.00元。

③资金来源合计393 445 099.03元。

(2) 资金占用情况

①流动资产占用 71 381 069.52 元。

Ⅰ. 库存现金 2 333 081.71 元；

Ⅱ. 银行存款 72 651.13 元；

Ⅲ. 应收账款 2 935 443.94 元；

Ⅳ. 其他应收款 34 130 225.72 元，其中：L×× 1 538 286.00 元，黄×芳 1 117 294.00 元；

Ⅴ. 存货 15 571 976.77 元，其中：原材料 668 002.44 元，牲畜（禽）资产 2 044 955.34 元，库存商品 9 671 021.87 元，半成品 91 007.14 元，发出商品 27 944.32 元，消耗性生物资产 610 438.41 元，开发成本 2 458 607.25 元；

Ⅵ. 预付账款 15 100 689.83 元；

Ⅶ. 待摊费用 1 237 000.42 元。

②长期资产占用 46 965 021.72 元。

Ⅰ. 长期股权投资 20 570 000.00 元，其中：某养殖有限公司 3 650 000.00 元，某农牧产业开发有限公司 1 020 000.00 元，某农牧科技有限公司 510 000.00 元，某投资有限公司 5 100 000.00 元，某高原特色食品有限公司 30 000.00 元，某置业有限公司 260 000.00 元，某合作社投资 3 650 000.00 元，某基地 2 000 000.00 元，与李×焕投资做烟生意 4 150 000.00 元，大唐英加 200 000.00 元；

Ⅱ. 固定资产 6 317 916.80 元；

Ⅲ. 在建工程 15 753 824.97 元；

Ⅳ. 无形资产 88 550.02 元；

Ⅴ. 长期待摊费用 1 032 493.99 元；

Ⅵ. 工程物资 144 297.83 元；

Ⅶ. 生产性生物资产 3 057 938.11 元。

③资金占用合计 118 346 091.24 元。

（3）资金结余（损失）情况

资金来源 393 445 099.03 元，资金占用 118 346 091.24 元，资金损失（流出）为 275 099 007.79 元。如果不考虑经营性收入 64 059 719.78 元抵减的影响，资金实际损失（流出）339 158 727.57 元。

2．某农牧产业开发有限公司 2009 年 12 月—2010 年 10 月 20 日吸收的社会公众资金

2009 年 12 月—2010 年 2 月共收到订金 23 750 元，收现金 892 670 元，合计金额 916 420 元，在账上反映在"预收账款－会员充值"科目，冲猪肉款。共退订金 9050 元，退现金 21 660 元，合计退款 30 710 元，未退还投资者的资金余额 885 710.00 元。由于现金日记账记载不全，没有完整地反映 2009 年 12 月—2010 年 10 月 20 日会员卡充值情况及退款情况，无法确定所有投资款均已退还。

3．×合作社吸收公众资金情况

（1）×合作社吸收公众资金电子账单数据鉴定情况

根据全体鉴定专业人员查实并与聘请方验证，×合作社的财务会计分别采用内、外两套（本）账核算。使用金蝶财务软件核算内部财务，用友财务软件核算外部财务。外账对外披露虚假的财务报告，但是数据不全面、真实。主要是满足国家主管机关、工商、税务、银行、投资者、债权人的需要。内、外部财务账是包含关系，内部账的数据大于外账，内账的数据与外账相比较为真实可靠。因此，本中心鉴定专业人员在鉴定工作中以内账为主兼顾外账进行鉴定。本次司法会计鉴定主要内容之一就是吸收总资金来源和流向。现对股金账面记录数据具体鉴定情况进行简要说明。

①投资者权益－股金。在投资者权益中设置股金一级会计科目核算吸收投资人的资金，二级科目核算股金类型是一年期、二年期、流动股、3 个月活动股金、身份股金。

②负债－短期借款。在负债中设置短期借款一级科目核算吸收投资人的资金，主要股金类型有：三个月理财产品、一年期理财产品、社员内部短期股金。

③内账记录的吸收公众资金。内账记录的吸收公众资金,该合作社在 2014—2016 年 3 月(以前年度结转到 2014 年)共计吸收社会公众投资人的资金 595 689 122.11 元,已退还资金(本息)319 822 196.17 元,未退还的资金损失 275 866 925.94 元(表 4-1)。

以上所述,该合作社于 2014—2016 年 3 月,内部总共吸收社会公众投资人的资金约 5.96 亿元,已赔还约 3.20 亿元,未赔还资金损失约 2.76 亿元。

表 4-1　某合作社吸收社会公众资金活动情况表(内账)

单位:元

年度	类型	吸收投资人本金	退还本息	未退还资金损失
2014 年—2016 年 3 月	一年期	121 428 479.46	89 549 222.79	31 879 256.67
	二年期	2 333 277.00	1 984 150.00	349 127.00
	流动	46 651 665.65	26 355 823.38	20 295 842.27
	三个月活动股金	33 244 100.00	33 125 100.00	119 000.00
	身份股金	258 600.00	25 300.00	233 300.00
	三个月理财产品	10 000.00	30 000.00	-20 000.00
	一年期理财产品	37 043 000.00	37 635 000.00	-592 000.00
	社员内部短期股金	354 720 000.00	131 117 600.00	223 602 400.00
合计		595 689 122.11	319 822 196.17	275 866 925.94

(2)DL 生态印象股金概况

DL 生态印象股金,是×合作社建设一个项目为生态印象城而募集的资金。从账面反映,该项资金已退完(表 4-2、表 4-3)。

表 4-2　DL 生态印象股金收支情况表

单位:元

年份	投资额	退款金额	账面余额
2014 年	51 643 600.00	5 322 000.00	46 321 600.00
2015 年		46 321 600.00	0.00

表4-3　DL生态印象股金合同情况表

合同额/元	合同红利/元	实收金额/元	份数
50 560 000.00	4 044 000.00	46 516 000.00	1257

(3)×合作社吸收公众资金损失的鉴定情况

①股金系统。

一是总体情况(表4-4)。

表4-4　总体情况表

项目	股金系统
总人数/人	3085.00
社员股金总额(2016.05)(1)/元	195 998 517.03
其中:红利转股及利息(2)/元	8 358 268.78
社员退股及支付利息(3)/元	116 360 489.84
社员股金余额(4)=(1)-(3)/元	79 638 027.19
社员实际损失金额(扣除红利及利息)(5)=(4)-(2)/元	71 279 758.41

数据来源:新股金系统,导出后Excel统计获取,记录时间为2011年12月15日至2016年5月10日记录总数:记录总数30 718条,总户数(相同姓名)3085人,借贷方项目为借方反映投资金额增加数,贷方反映投资项目减少数。

借方项目包括:

社员开户(100元/每户);固定增股(又划分半年期、一年期、二年期);流动增股(又划分定期红利转股、流动股);活期分红。

贷方项目包括:

固定减股;流动退股;销户(100元/户)。

定期红利、活期分红由系统按项目性质、设定利息及时间自动计算。

借贷方金额及余额:借方金额195 998 517.03元,为2011年12月15日至2016年5月10日社员定期投资金额及红利、活期利息累计,贷方金额116 360 489.84元,为同期社员定期投资退股金额、活期退股金额及销户金额累计,至2016年5月10日余额为79 638 027.19元,该余额扣除红利和利息8 358 268.78元,社员实际损失金额71 279 758.41元。

二是股金系统股金报案人(表4-5)。

表4-5 股金报案人数表

项目	报案情况
报案人数/人	1142
报案人股金投资金额/元	74 660 965.49
报案人股金投资损失/元	72 216 982.16

(注明:杨××、杨×芬姓名相同,但身份证信息不同,是不同的两个人,明细表中有区分;报案人损失,存在多头报案。)

三是投资人损失与报案人在股金系统对应(匹配)。

匹配人数:报案人为基准,与股金系统(1140人)一一对应(匹配)的人数,有5人未找到。报案人损失与股金系统匹配如表4-6所示。

表4-6 报案人损失与股金系统匹配表

项目	股金系统
匹配人数(1)/人	1135
社员股金投资金额(2)/元	130 695 098.29
其中:红利转股及利息(3)/元	4 757 546.31
社员退股及支付利息(4)/元	63 098 559.63
股金余额(5)=(2)-(4)/元	67 596 538.66
社员股金损失(6)=(5)-(3)/元	62 838 992.35

②内部短期投资协议。

一是内部短期投资协议在合同上反映的吸收资金情况。

该合作社采用"内账"与"用友外账"两本记录反映投资人协议合同入账情况,"金碟内账"有2013年、2015年两年记账凭证,无2014年、2016年记账凭证。"金碟内账"较"用友外账"更完整反映了协议合同入账,在进行鉴定时,以"金碟内账"为基础,对缺失的记账凭证,参考"用友外账"鉴定。

"金碟内账"与"用友外账"内部短期投资科目的设置,明细科目设置"三个月投资""半年期投资""一年期投资"反映,未具体到投资人,但从×分局提供的电子文档中,会计郑×芬记录了2013年至2016年投资人协议合同入账明细表。根据该明细表,在"金碟内账""用友外账"对应的凭证验证、查实,获取投资人协议合同入账明细清单,经计算分类,如表4-7所示。

表4-7 内部短期投资协议表

项目	内部短期投资协议
总人数/人	2611.00
内部短期投资协议合同金额(1)/元	407 772 000.00
内部短期投资协议合同红利(2)/元	66 585 530.00
短期协议实际投资额(砍头息)(3)=(1)-(2)/元	341 186 470.00
退还短期协议本金及红利(4)/元	189 095 000.00
支付红利(5)/元	66 407 680.00
实际退还短期协议本金及红利(扣除未到期红利)(6)/元	186 433 200.00
短期协议投资损失金额(7)=(3)-(6)/元	154 753 270.00

二是内部短期投资协议在账面上反映的吸收资金情况。

内部短期投资协议报案人数方面,股金系统、内部短期协议、乾×、金贵宾等存在交叉情况。内部短期投资协议在账面上反映的吸收资金如表4-8所示。

表4-8 内部短期投资协议账面吸收资金表

项目	汇总
总人数/人	2880
投资总额/元	433 797 604.29
退还本金及支付红利/元	220 251 229.84
实际支付红利/元	64 055 822.52
损失金额/元	221 008 828.14

三是报案人内部短期协议如表4-9所示。

表4-9 内部短期协议报案情况表

项目	报案人情况
报案人数(已合并重复报案)/人	1674
报案投资金额/元	159 534 472.00
报案损失/元	170 076 116.00

四是内部短期投资协议与报案人对应。

报案人1674与内部短期协议(1167人)一一对应(匹配),有7人未找到;

鉴定协议合同金额:报案人为基准,与内部短期协议鉴定的投资金额(以账面基准,参照纸质合同补充)一一对应(匹配)的汇总金额;内部短期投资协议与报案人对应如表4-10所示。

表4-10 内部短期投资协议与报案人对应(匹配)表

项目	短期内部投资协议
匹配人数/人	1667
鉴定协议合同金额/元	264 048 685.00
鉴定实际退还金额(含红利)/元	129 952 200.00
鉴定支付红利/元	52 045 515.00
鉴定短期投资协议损失金额/元	134 096 485.00

4. 乾×投资有限公司向社会公众集资——协议投资

(1)"乾×"协议投资

经查证,"乾×"协议投资无相关纸质协议合同,但在"金碟内账"中记录了"乾×"投资人情况,如表4-11所示。

由表4-11可知,"金碟内账"记录的投资人140人,入账投资金额

56 041 485.20 元，入账退还投资金额 31 690 294.67 元，入账投资余额 24 351 190.53 元，入账投资红利 11 815 852.20 元，入账投资损失金额 12 535 338.33 元。

表 4-11 "乾×"金碟内账投资人情况表（2013—2015）

入账总体情况		损失情况	
入账人数/人	140	入账红利/元	11 815 852.20
入账本金/元	56 041 485.20	损失金额/元	12 535 338.33
入账退款本金/元	31 690 294.67		
入账本金余额/元	24 351 190.53		
分年度入账本金与退款情况				
	2013 年	2014 年	2015 年	2015 年
入账本金/元	7 519 379.20	26 072 606.00	21 999 500.00	450 000.00
退款本金/元	1 232 650.30	11 178 070.41	15 549 573.96	3 730 000.00
本金余额/元	6 286 728.90	14 894 535.59	6 449 926.04	-3 280 000.00

注：2015 年企业做了两套账。

(2)"乾×"报案人情况

"乾×"报案人情况如表 4-12 所示。

表 4-12 "乾×"报案人情况表

报案人数/人	报案金额/元	报案损失金额/元
48	34 204 920.00	26 990 016.80

"乾×"投资人报案 48 人，报案签订合同时间在 2014 年年初至 2015 年 12 月，签订协议合同起止时间大多为一年期，也存在一年半期等，年利率 24%、30%、36%，同为一年期协议利率存在差异。

报案协议合同金额 34 204 920.00 元，报案损失金额 26 990 016.80 元。与"乾正"金碟内账入账相比，账面人数多 92 人，账面协议投资金额多 21 836 565.20

元,损失投资金额少 14 454 678.47 元。表明实际投资人与报案人存在较大差异。

(3)"乾×"报案人入账情况

将"乾×"报案人与"金碟内账"记录的投资人进行一一对应(匹配),匹配情况如表 4-13 所示。

表 4-13 "乾×"报案人入账情况表

报案匹配人数/人	报案匹配入账金额/元	报案匹配入账退款/元	报案匹配入账红利/元	报案损失金额/元
46	25 745 821.00	7 727 709.00	6 164 761.21	11 853 350.79

由表 4-13 可知,报案人在"金碟内账"中反映的人数为 46 人,较报案人少 2 人。报案人协议合同入账金额 25 745 821.00 元,报案人协议合同退还投资入账金额 7 727 709.00 元,报案人协议投资红利入账金额 6 164 761.21 元,投案人入账损失金额 11 853 350.79 元。

5. 某集团公司以"金贵宾"协议合同方式向社会公众集资

(1)"金贵宾"协议投资

经查证,"金贵宾"协议投资无相关纸质协议合同,但在"金碟内账"中记录了"金贵宾"投资人情况,如表 4-14 所示。

表 4-14 "金贵宾"入账情况表

入账人数/人	入账本金/元	入账红利/元	损失金额/元
40	16 458 000.00	1 304 000.00	15 154 000.00

由表 4-14 可知,"金碟内账"记录的"金贵宾"协议投资人数 40 人,入账协议合同金额 16 458 000.00 元,入账协议合同红利 1 304 000.00 元,账面协议合同损失金额 15 154 000.00 元。

(2)"金贵宾"报案人情况

"金贵宾"报案人情况如表4-15所示。

表4-15 "金贵宾"报案人情况表

报案人数/人	报案金额/元	报案损失/元
49	18 630 326.00	17 697 826.00

由表4-15可知,"金贵宾"投资人报案49人,报案签订合同时间在2015年8月至2016年4月,签订协议合同起止时间大多为三年期,年利率24%、25%、36%、42%不等,大多为25%,同为三年期协议利率存在差异。

"金贵宾"报案协议合同金额18 630 326.00元,报案损失金额17 697 826.00元。报案与"金碟内账"相比,报案比入账人数多9人,报案协议合同金额多2 172 326.00元,投案损失多2 543 826.00元。

(3)"金贵宾"报案人入账情况

将"金贵宾"报案人与"金碟内账"记录协议投资人进行一一对应(匹配),匹配情况如表4-16所示。

由表4-16可知,"金贵宾"报案人49人与入账一一对应(匹配),有17人未找到。金贵宾2014年才签订合同,合同期三年,所以无到期退还本金。报案人入账协议合同金额13 308 000.00元,报案人协议合同红利1 088 000.00元,报案人账面损失金额12 220 000.00元。

表4-16 "金贵宾"报案人入账情况表

报案匹配人数/人	报案匹配入账本金/元	报案匹配入账红利/元	报案损失/元
32	13 308 000.00	1 088 000.00	12 220 000.00

6. 某集团公司所属各子公司、合作社向社会公众投资人吸(集)资金来源和流向

综上所述,按各个主体吸资或集资投资人的本金、扣除退还本金、支付利息(红利)、未退还的资金即为损失,如表4-17所示。

表4-17 吸(集)资汇总表

单位:元

序号	法人主体	吸入资金	退还资金	支付利息	未退还资金
1	滇×公司	916 420.00	30 710.00		885 710.00
2	×合作社				
	①社员证股金	195 998 517.03	116 360 489.84	8 358 268.78	71 279 758.41
	②生态印象股金	51 458 000.00	50 741 600.00	3 564 800.00	-2 848 400.00
	③内部短期协议股金	433 797 604.29	220 251 229.84	64 055 822.52	221 008 828.14
3	某集团公司—金贵宾	16 458 000.00	1 304 000.00		15 154 000.00
4	乾×公司—合作协议	56 041 485.20	31 690 294.67	11 815 852.20	12 535 338.33
	合计	754 670 026.52	420 378 324.35	87 794 743.50	318 015 234.88

7. 17个被鉴定人的收入

被鉴定人 L××、S×× 等17名人员,于2009—2006年3月,从某集团公司及所属的滇×、×公司(合作社)等8家子公司获得的收入 5 725 786.39 元,其中:工资及提成收入 2 783 050.99 元;个人报销费用 2 942 735.40 元。

①2015年5月 L×× 购入路虎揽胜车,总价 1 518 672.85 元。(会计凭证号 2015-8-付102号)

②2013年3月购买手表一只,单价 150 000.00 元送礼,只有报销单,没有发票。(会计凭证号 2013-3-付6号)

③滇×公司(L××)送礼-招待环保局水果鸡蛋8812.00元。(2015-6-记91)

④滇×公司(L××)接待-招待发改局、某领导等禽、鸡蛋、水果25 446.00元。(2015-7-记82)

⑤×合作社(L××)报销业务费用-春节送礼费用48 000.00元。(2015-4-付24)

依据鉴定材料,经过大量的查证和使用适合本次鉴定的科学方法计算得出吸收资金总额为754 670 026.52元,已退还本金420 378 324.35元,已支付利息87 885 800.98元,未退回资金余额318 015 234.88元。在鉴定过程中按照取得的各种不同证据情况分别作出鉴定。由于本次鉴定材料缺失,财务资料不完整,电子账套有一定的局限,致使30个投资人没有从聘请方提供的现有鉴定材料中查证核实,得不出相应鉴定结果。

4.5 鉴定意见

依据上述鉴定情况进行分析,客观、合理地鉴定各主体资金数额,分别对不同情况提出鉴定意见。

意见1:某集团公司法定代表人L××吸收社会公众资金754 670 026.52元,已退还本金420 378 324.35元,已支付利息87 885 800.98元,未退回资金余额318 015 234.88元。

意见2:投资人投入"滇×公司、×合作社、乾×公司、某集团公司—金贵宾"资金的损失221 894 538.14元。

(1)×合作社吸收投资人的内部短期投资

①1667名投资人内部短期协议的实际投资金额264 048 685.00元;

②实际退还本金77 906 685.00元;

③支付红利 52 045 515.00 元;

④短期投资协议损失金额 134 096 485.00 元;

⑤7 名投资人在合同、收据、账上等鉴定材料都找不到相关的姓名及信息,无法作出相应的鉴定意见。

(2)×合作社吸收社员股金投资

①1135 名投资人社员股金投资金额 130 695 098.29 元;

②红利转股及利息 4 757 546.31 元;

③社员退股及支付利息 63 098 559.63 元;

④社员股金损失 62 838 992.35 元;

⑤5 名投资人未找到,无法作出鉴定意见。

(3)被鉴定人 L×× 以乾×投资有限公司为主体向社会公众集资 46 名投资人的损失金额 11 853 350.79 元;2 名投资人入账明细无此人。

(4)某集团公司 – 金贵宾集资

①30 个投资人的损失金额 12 220 000.00 元;2 个投资人入账投资明细账中无此人,但红利明细有此人,每一人获得红利 24 000.00 元,共计 48 000.00 元。

②17 人在报案材料中找不到人,入账中无这些人,程序受限制无法得出鉴定意见。

(5)滇×农牧产业开发有限公司在 2009 年 12 月—2010 年 10 月 20 日吸收社员的资金。预收会员充值和股金 916 420.00 元,退还 30 710.00 元,未退还社员的资金余额 885 710.00 元。

意见 3:某集团公司的 17 个被鉴定人收入。

被鉴定人 L××、S×× 等 17 名人员,于 2009—2006 年 3 月,从某集团公司及所属的滇×、×公司(合作社)等 8 家子公司获得的收入 5 725 786.39 元,其中:工资及提成收入 2 783 050.99 元;个人报销费用 2 942 735.40 元。

意见4：某集团公司截至2016年3月31日资金活动情况、经营盈亏。

(1) 资金活动情况

资产总计120 540 289.72元，其中：流动资产71 381 069.52元，长期投资20 570 000.00元，固定资产原价12 835 395.23元，在建工程15 753 824.97元。

负债合计319 668 773.09元；净资产合计-199 128 483.37元。

(2) 盈亏情况

收入65 379 719 78元；成本费用合计296 712 896.16元；亏损累计231 333 176.38元。

第 5 章 数据与司法会计鉴定

5.1 某南亚房地产公司职工职务侵占资金司法会计鉴定

1. 基本情况

委托人:某市公安局某分局。

委托鉴定事项:对江××在职期间(2013 年 6 月 10 日至 2017 年 1 月 24 日)涉嫌职务侵占公司资金数额进行司法会计鉴定。

受理日期:2018 年 7 月 2 日。

鉴定材料:2018 年 7 月 2 日提供江××第一次讯问笔录,某南亚房地产公司报案书等 327 份复印件。

鉴定日期:2018 年 7 月 2 日—2018 年 7 月 17 日。

鉴定地点:某司法鉴定所办公室。

鉴定人员:杨×岚、陈×怀、陈×启。

被鉴定人:江××。

2. 案例简介

被鉴定人江××涉嫌职务侵占案,本所接受某市公安局某分局的聘请进行司法会计鉴定。

被鉴定人江××在 2013 年 6 月至 2017 年 1 月负责某南亚房地产公司的财务管理工作,利用职务上的便利涉嫌侵占公司拨付的业主收益和收取返租商户租金未存入公司账户,公款私存被鉴定人江××银行卡上。

根据委托方提供的相关原始凭证、书证相互核对验证,对被鉴定人江××涉案金额作出具体的司法会计鉴定。

3. 鉴定过程

熟悉案情。由本所鉴定负责人经过初步了解案情，与主管机关沟通鉴定事宜。同时评估本所鉴定专业胜任能力，决定是否接受委托。

接受某市公安局某分局鉴聘字〔2018〕0037号鉴定聘请书委托，并进行鉴定材料的交接。

本所指派司法鉴定人、中国注册会计师陈×怀作为本次鉴定技术总负责人，以会计师、高级会计师作为鉴定专业技术人员组成的工作团队具体开展鉴定工作。

2018年7月4日了解案情，厘清鉴定思路。

2018年7月5日—2018年7月6日读完案件卷宗，整理案件涉及资料。

2018年7月9日—2018年7月17日根据委托方提供的鉴定材料、特定的鉴定目的，遵循公认的鉴定原则，按照严谨的鉴定程序，运用会计、审计等科学原理，采用证据链接法、系统分析法、因素排除法等方法，在认真分析研究检查验证鉴定材料的基础上，对被鉴定人江××的涉案金额进行司法会计鉴定。

本案持续时间跨度较长，部分原始凭证缺失、不完整等，给司法会计鉴定工作带来一定的困难。经过多次研究、反复讨论，制定了一套科学、严谨、实用的鉴定方案。

4. 分析说明

经过本所司法鉴定专业人员实施必要的鉴定程序，在鉴定工作中通过对鉴定材料的检验、核对、甄别、查证、排除等进行技术处理，将鉴定情况分析说明如下。

（1）对某南亚房地产公司应支付某商铺业主返租款金额进行鉴定

2013年7月—2017年1月江××任职期间，该地产及某物业共分12次以借款、工程款等名义向李×廷N行×支行个人账户拨款25 587 747.10元，李×廷个人N业银行账户流水中有记录。

根据该地产与某业主签订的183份商铺租赁协议，核算出2013年9月至2017年1月，该地产应向某商铺业主支付返租款共计21 235 533.94元。

(2)对某商铺出租后收取的租金、保证金中有多少合同收据没有同时具备的情况进行鉴定

根据该地产与某承租人签订的 164 份商铺租赁与商业管理合同书,以及第一次鉴定提供的 301 份收据,第二次补充的 6 份收据,核算出收取现金总金额 3 180 244.20 元,其中:租金 2 531 450.00 元,保证金 541 100.00 元,物业费垃圾费 98 894.20 元,管道改造费 8 800.00 元。

该地产开出的收据中有 12 份没有与之相对应的合同,总金额为 181 900.00 元,其中:租金 148 100.00 元,保证金 33 800.00 元;有 7 份合同没有对应的收款收据显示收取了物业费、保证金等。

根据某 MALL 履约保证金退还明细表显示共退还承租人保证金 377 550 元。

该地产开出的 307 份收据收取的 3 180 244.20 元现金中,应减去 12 份因没有对应合同而不能确认的金额 181 900.00 元,再减去已经退还的保证金 377 550.00 元,三项计算后的金额为 2 620 794.20 元。

5. 鉴定意见

依据上述鉴定情况进行分析,客观、合理地鉴定涉案资金数额,提出以下鉴定意见。

2013 年 7 月—2017 年 1 月该地产、物业共向李×廷 N 行卡拨款 25 587 747.10 元,而 2013 年 9 月至 2017 年 1 月该地产应支付某商铺业主返租款仅为 21 235 533.94 元,多拨款 4 352 213.16 元。

2014 年 2 月—2016 年 12 月由李×廷 N 行卡向被鉴定人江××两张银行卡共转出资金 10 750 303.11 元,从江××银行卡向李×廷银行卡共转入资金 6 481 146.43 元,另外还有 5 笔其他人转入的资金,合计金额为 622 637.65 元,三项相抵后从李×廷 N 行卡转出资金没有转回的差额为 3 646 519.03 元。

该地产共向承租人收取的可以确认的租金、物业费等总金额为 2 620 794.20 元,收取方式为现金,在 2014 年 2 月 17 日—2014 年 6 月 4 日被鉴定人江××N 行卡有 3 351 106.80 元存现记录。

综上所述,江××在职期间(2013年6月10日至2017年1月24日)涉案金额为转出资金没有转回的差额3 646 519.03元和向承租人收取的可以确认的租金、物业费等2 620 794.20元,两项合计为6 267 313.23元。

5.2 计算机系统数据舞弊与财务资料隐匿销毁司法会计鉴定

1. 基本情况

委托人:某县公安局。

委托鉴定事项:对许××、吕××、黄××涉案金额进行司法会计鉴定。

受理日期:2008年6月13日。

鉴定材料:刑事侦查卷宗123卷,其中:许××、吕××职务侵占案119卷,共计12451页;许××职务侵占案1卷共57页;黄××、吕××、许××职务侵占案2卷共538页;许××隐匿、故意销毁会计凭证、会计账簿、财务会计报告案1卷共185页。

鉴定日期:2008年6月15日—2008年6月25日。

鉴定地点:本鉴定中心办公室。

鉴定人员:陈×东、陈×怀、葛×光、陈×启、杨×岚。

被鉴定人:许××、吕××、黄××。

2. 案例简介

本鉴定中心接受委托,指派司法会计鉴定专业人员根据委托方提供的鉴定材料、特定的鉴定目的,遵循公认的鉴定原则,按照严谨的鉴定程序,运用会计学、审计学的原理和方法,在认真分析研究检查验证鉴定材料的基础上,对涉案人员的涉案金额进行司法会计鉴定。

被鉴定人许××、吕××在担任某信用社会计、出纳期间(鉴定期间:2005年1月1日至2007年11月14日)擅自将该社的资金以现金、转账的方式购买"六合彩"活动,而出现库存现金短缺,数额巨大。

原某信用社主任黄××与会计许××、出纳吕××三人,擅自将该社2004年12月22日至2004年12月28日收取贷款人的贷款利息共同私分。

被鉴定人许××在担任某信用社会计职务期间(鉴定期间:2006年2月20日至2007年11月14日)先后将该社储户存款利息、代扣利息税等资金,转入本人及其子的个人账户上。

3. 鉴定过程

本案涉案金额较大,作案时间较长,擅自调账笔数较多,加之部分原始凭证被毁等因素,给司法会计鉴定工作带来巨大困难。经过多次研究、反复讨论,制定了一套科学、严谨、实用的鉴定方案。

基本工作思路是以较为完整、全面的原始记录"信用社流水账"为查证依据,根据鉴定材料对涉案期间的全部业务进行筛选,找出错误处理(包括虚假业务和差错业务),对原账簿记录进行差错更正,最终"还原"出正确的账面余额,再与实物核对,从而确认最终短款数额。

鉴定工作使用两种专业技术方法分别查证,相互核对,平衡确认。

一是使用"直接法"。对嫌疑人擅自提现金和转账的"过程"进行查证,其结果是许××和吕××利用职务之便擅自从"4615"等账户私提现金和少计利息等若干笔,金额共计3 806 270.76元;许××私自将他人存款和利息提取转入他本人及其子账户10笔,金额共计20 152.34元;许××、吕××、黄××三人私分少入账的利息85 179.85元。三项合计金额为3 911 602.95元。

二是使用"间接法"。在现存账簿记录的基础上,查出错误金额,对"库存现金"和相关账户进行调整"还原",并与实存现金进行核对,确认最终短款金额。其结果是还原后"库存现金"账存数为4 588 303.91元,而案发时"库存现金"的盘点数为609 568.10元,两者相差3 978 735.81元,加之许××私自转账形成的损失12 867.14元,扣除使用"2111—吴成艳"账户归还80 000.00元。三项合计3 911 602.95元。

根据鉴定材料,经过大量的查证和使用会计方法计算得出本案涉案金额为3 911 602.95元。

4. 鉴定结论

根据上述鉴定情况进行分析,确认以下各点。

截至2007年11月14日最终确认涉案金额总额为3 911 602.95元。其中:

(1)许××、吕××涉案金额为3 806 270.76元;

(2)黄××、许××、吕××三人共同涉案金额为85 179.85元;

(3)许××涉案金额为20 152.34元。

5.3 某县建筑材料公司高管经济犯罪司法会计鉴定

1. 案情

鉴定案件的性质:刑事案件。

鉴定案件中的犯罪嫌疑人:J××、C××、Y××、H××。

案件的基本情况:某建筑材料公司(以下简称建材公司)以生产红砖为主,为某县城市建设作出过较大贡献,创造了历史上辉煌的业绩,经济效益在同行业中处于领先地位,广大职工安居乐业。在新旧转轨过程中,企业实行股份制改造。在此之际,公司高层管理人员J××、C××、Y××、H××利用担任公司经理、会计、出纳等职务之便,侵占、挪用公司资金,致使公司濒临破产,职工面临失业,生活陷入困境。因此,该县委、县政府责成有关部门对建材公司财务进行监督检查,发现有严重的经济犯罪事实,移交司法机关依法追究刑事责任,司法机关指控建材公司高层管理人员J××、C××、Y××、H××涉嫌职务犯罪。云南某学院司法鉴定中心(以下简称鉴定中心)接受某县人民法院的委托,对J××、C××、Y××、H××涉嫌职务侵占、挪用公司资金的数额,进行司法会计鉴定。

其他:

①鉴定的案件卷宗由某县人民法院提供;

②鉴定的会计资料(凭证、账簿、报表)由建材公司提供,并对这些资料的真实性、合法性负法律责任;

③鉴定的部分伪造单据,以某公安局(2004)文公刑技文鉴字02号笔迹鉴定书为依据;

④鉴定的案件卷宗中司法机关在案件侦查过程中收缴的吴×芬、陆×妹移交给Y××的笔记本、结算清单等鉴定资料,交接双方签字认可,吴×芬、陆×妹、Y××对这些资料的真实性、合法性负法律责任。

委托机关要求解决以下问题:要求对J××、C××、Y××、H××职务侵占、挪用资金数额进行司法会计鉴定。

委托机关提供了以下鉴定材料:卷宗共计贰拾壹卷(21卷),会计资料(凭证、账簿、报表)由某县公安局经侦大队侦查人员配合鉴定人员查证。

2．鉴定情况

鉴定人员于2005年1月4日至2005年2月18日对委托机关提供的鉴定材料进行鉴定,查明以下各点。

(1) J××职务侵占、挪用资金数额鉴定情况

①在工资报销花名册上,职工未签章领取的工资39 481.52元。

②在工资报销花名册上,职工未签章领取的春节值班费、加班费740.00元。

③在工资报销花名册上,职工未签章领取的烤火费900.00元。

④1996年1—12月,将应由职工个人负担的住房公积金划转到某住房公积金管理中心分部的银行账户上,在发工资时从职工工资中扣回的住房公积金未冲销公司代职工个人垫支的住房公积金23 502.00元。

⑤1995年10月至1996年12月,将应由职工个人负担的养老金划转到某县社保局的银行账户上,在发工资时从职工工资中扣回的养老金,未冲销公司代职工个人垫支的养老金17 644.20元。

⑥1996年1—12月,将应由职工个人负担的电费划转到水电公司的银行账户上,在发工资时从职工工资中扣回的电费,未冲销公司代职工个人垫支的电费13 781.26元。

⑦1996年1—12月,将应由职工个人负担的水费划转到水厂的银行账户

上,在发工资时从职工工资中扣回的水费,未冲销公司代职工个人垫支的水费4046.00元。

⑧1996年1月3日,以地税局退回个人所得税款为由,用现金支票提取现金3915.35元。

⑨虚报费用2628.90元。

⑩1995年1月至1997年3月,红砖生产量为22 223 900块,销售量(含未收款)15 654 160块,库存量6 564 740块,金额1 570 329.62元,扣除欠款及应收款1 294 784.25元,剩余275 545.37元,未在公司账上反映[①某县建材公司红砖产销情况表,②债权(应收账款)情况表,③债权、欠条明细清单(卷宗3—6卷,Page1755—2743)]。

⑪私分上车费25 878.12元。

⑫以支付彭×集资建房工程款为由,伪造单据支取现金586 000.00元。

⑬1998年度隐瞒的红砖收入私分投入公司作为股本金入股60 000.00元。

⑭1997年8月6日,从某县某镇政府收回借款偿还公司的利息50 000.00元,购买手机三部15 000.00元,其中:C××一部3500.00元,H××一部3500.00元,J××一部3500.00元,剩下35 000.00元,J××(包括分得一部手机)共计40 000.00元未在公司账上反映。

⑮公司集体征用土地后,已将土地出让金及征地费交给某县国土资源局26 612.60元,J××个人在集体的土地上建盖私房时只交给公司土地出让金及征地费14 355.00元,少交给公司原垫支的土地出让金及征地费12 257.60元。

⑯私分红砖收入以股本金形式投入公司,然后从公司利润中分得红利收益(非法收入)87 579.00元。

⑰1996年7月17日—1998年3月12日挪用公司售房款164 398.91元。

⑱在鉴定中调整减少数额81 558.79元。

一是住房公积金1734.00元;

二是电费594.66元;

三是冒用赵×德之妻张×莲名字,伪造工资花名册报销护理费2360.00元;

四是收回应收砖款 0.50 元;

五是私分上车费 17 418.03 元。

Ⅰ.扣税金 1169.94 元;Ⅱ.J××、C××共同侵占上车费 12 969.69 元;Ⅲ.J××、W××共同职务侵占上车费金额 3278.40 元。

六是 1996 年 4 月 15 日,J××、C××以支付彭×集资建房工程款为由,伪造单据支取现金 60 000.00 元。

六项合计 82 107.19 元,与调整减少数 81 558.79 元相差 54 840.00 元(说明:起诉书第 24 项起诉金额 4256.78 元,鉴定第(17)项鉴定金额 4805.18 元;J××侵占金额扣除 4256.78 元,J××、C××共同侵占上车费按鉴定金额 4805.18 元认定)。

以上①—⑰项认定 J××涉案资金数额共计 1 358 289.23 元,其中:职务侵占、挪用资金数额共计 1 270 710.23 元,非法收入 87 579.00 元。

以上第⑱项的前四项和第五项的Ⅰ共计 5 859.10 元;第五项的Ⅱ中的部分上车费 685.16 元,共计 6544.26 元,不能认定 J××职务侵占;第五项的Ⅱ和第六项认定 J××、C××共同职务侵占金额 72 969.69 元;第五项的Ⅲ认定 J××、W××(另案)共同职务侵占金额 3278.40 元。

(2) CXX 职务侵占、挪用资金数额鉴定情况

①虚报费用 2922.00 元。

②私分上车费 5400.00 元。

③1996 年 9 月 12 日至 1997 年 3 月 31 日,以付给彭×强工程款为由,伪造单据支取现金 78 000.00 元。

④1998 年度隐瞒的红砖收入私分投入公司作为股本金入股 120 000.00 元。

⑤1997 年 8 月 6 日,从某县某镇政府收回借款偿还公司的利息 50 000.00 元,C××分得用公司的利息购买的手机一部,价值 5000.00 元,未在公司账上反映。

⑥公司集体征用土地后,已将土地出让金及征地费交给某县国土资源局 26 612.60 元,C××个人在集体的土地上建盖私房时只交给公司土地出让金及

征地费14 355.00元,少交给公司原垫支的土地出让金及征地费12 257.60元。

⑦私分红砖收入以股本金形式投入公司,然后从公司利润中分得红利收益(非法收入)107 935.00元。

⑧1997年8月7日挪用资金100 000.00元;1998年6月8日挪用资金300 000.00元,共计400 000.00元,借给彭×强搞建筑使用。

以上①—⑧项认定C××涉案资金数额共计731 514.60元,其中:职务侵占、挪用资金数额共计623 579.60元,非法收入共计107 935.00元。

(3) YXX职务侵占资金数额鉴定情况

①2000年4月11日—7月3日,Y××收到出纳吴×芬转交向职工个人收取的水电费5714.00元,未在公司账上反映。

②2001年4月3日,Y××收到出纳吴×芬转交的水、电、修理等费用4209.00元,未在公司账上反映。

③虚报费用15 910.02元。

④私分上车费196 691.80元。

⑤1999年5月23日,以退休职工李×兴的入股款为由,伪造单据支取现金13 000.00元。

⑥1998年度隐瞒的红砖收入私分投入公司作为股本金入股40 000.00元。

⑦私分红砖收入以股本金形式投入公司,然后从公司利润中分得红利收益(非法收入)62 015.00元。

以上①—⑦项认定Y××涉案资金数额共计337 539.82元,其中:职务侵占共计275 524.82元,非法收入共计62 015.00元。

(4) HXX职务侵占资金数额鉴定情况

①私分上车费8000.00元。

②1998年度隐瞒的红砖收入私分投入公司作为股本金入股60 000.00元。

③1997年8月6日,从某县某镇政府收回借款偿还公司的利息50 000.00元,H××分得用公司的利息购买的手机一部,价值5000.00元,未在公司账上反映。

④公司集体征用土地后,已将土地出让金及征地费交给某县国土资源局20 529.72元,H××个人在集体的土地上建盖私房时只交给公司土地出让金及征地费12 870.00元,少交给公司原垫支的土地出让金及征地费7659.72元。

⑤私分红砖收入以股本金形式投入公司,然后从公司利润中分得红利收益(非法收入)82 845.00元。

以上①—⑤项认定H××涉案资金数额共计163 504.72元,其中:职务侵占80 659.72元,非法收入82 845.00元。

(5)JXX、CXX共同职务侵占资金数额鉴定情况

①1997年5月,在公司已通过银行转账上缴税金,扣上车工的上车费缴纳税金(发票大小写金额不符)685.16元。

②1996年1月至1997年3月在公司已通过银行转账上缴税金,扣上车工的上车费缴纳税金4805.18元。

③1995年9月2日至1997年5月29日,支付上车工上车费时多支取7479.35元。

④1996年4月15日,以支付给P××基建款为由,伪造单据支取现金60 000.00元。

以上①—④项认定J××、C××共同职务侵占资金数额72 969.69元。

(6)JXX、WXX(另案)共同职务侵占资金数额鉴定情况

1997年12月3日,从某税务分局开发票支付上车工的上车费,W××提取现金3278.40元。

3. 鉴定结论

根据上述鉴定情况进行分析,确认以下各点。

(1)J××涉案资金数额共计1 358 289.23元,其中:职务侵占1 106 311.32元,挪用资金164 398.91元,非法收入87 579.00元。

(2)C××涉案资金数额共计731 514.60元,其中:职务侵占223 579.60元,挪用资金400 000.00元,非法收入107 935.00元。

(3) Y××涉案资金数额共计 337 539.82 元,其中:职务侵占 275 524.82 元,非法收入 62 015.00 元。

(4) H××涉案资金数额共计 163 504.72 元,其中:职务侵占 80 659.72 元,非法收入 82 845.00 元。

(5) J××、C××共同职务侵占资金数额 72 969.69 元。

5.4 某公司二级电站前期项目投资司法会计鉴定

1. 基本情况

委托方:某县发展和改革局。

委托鉴定事项:对某公司投资二级电站项目的已投资金额进行鉴定。

受理日期:2008 年 11 月 8 日。

鉴定材料1:会计凭证21 本,总账、明细分类账、现金日记账等8 本,会计报表 1 份;某县发展和改革局移送的某州、县行政主管部门关于二级电站审批和核准文件、某州中级人民法院判决、调解书等资料;相关专业技术人员现场勘测及工地当事人提供的其他资料。

鉴定材料2:委托方已通知某公司提供有关投资建设项目勘查、设计、规划资料等确认基本建设投资价值的必需资料,但是该公司未能提供给鉴定单位。包括以下各项:

(1) 工程基本情况;

(2) 全套施工图纸;

(3) 设计图纸(包括设计说明书、设备说明书等);

(4) 工程采用的设计、施工、质量验收等规范或标准;

(5) 购货合同;

(6) 工程承发包合同或意向协议书;

(7) 施工组织设计或技术措施方案;

(8) 其他有关文件(定额调整、材料价格和费用调整等文件);

(9)历年基本建设投资计划及批复文件;

(10)修正后的工程设计总概算、单项工程综合概预算书及批准文件;

(11)批准的初步设计任务书;

(12)批准的扩大初步设计任务书;

鉴定日期:2008年11月8日至2008年12月22日。

鉴定地点:本市鉴定中心办公室。

鉴定人员:

(1)鉴定单位参加人员:葛×光、陈×东、陈×怀、陈×启、涂×明、杨×岚、朱×雄、杨×;

(2)委托方参加人员:聂×平、王×坤;

(3)某县法制局:姚×高(缺席);

(4)某乡政府:何×兴(乡长);

(5)某村委会:杨×农(支书);

(6)某公司:黄×任(质量监督)、班×美(会计)。

被鉴定单位及内容:

某公司二级电站项目工程前期费用、临时工程、进场公路土建工程、压力池土建工程、引水明渠土建工程、厂房土建工程、导流洞土建工程、办公用品及生活设施及建设方管理费。

2. 鉴定概况

某县人民政府为了加强对开发本地水能资源的管理,理顺投资关系,尽快建成二级电站,更好地发挥经济效益,于2004年1月批复同意公司开发建设二级电站。2005年12月某州发展和改革委员会文发改工业〔2005〕420号核准该项目。但鉴于资金迟迟不到位,被某州商务局(文商发〔2007〕163号)终止了某公司项目流程,收回外资企业批准证书。某县人民政府富政发〔2008〕119号文件《某县人民政府关于收回二级电站开发权的通知》要求,从2008年9月1日起收回公司对二级电站的开发权。

本次鉴定工作由于需要对二级电站前期工程投入的费用及在建工程金额进行鉴定,为某县人民政府收回二级电站开发权,对公司实际投入的资金数额进行补偿而提供参考依据。

依据某县发展和改革局与本鉴定中心签订的〔2008〕15号《委托鉴定书》,本鉴定中心接受委托,指派司法鉴定专业技术人员根据委托方提供的鉴定材料、特定的鉴定目的,遵循公认的鉴定原则,按照严谨的鉴定程序,运用科学的原理和方法,在认真分析研究检查验证鉴定材料的基础上,对送检的公司二级电站前期工程投入的费用及在建工程金额进行鉴定。

3. 检验过程

(1) 鉴定要求

鉴定机构对该公司二级电站前期工程投入的费用及在建工程金额进行鉴定,提供给委托方确定该电站前期投资价值。

(2) 检验过程

该公司是经过某州商务局批准成立的外商独资企业,取得外商独资企业法人资格,法定代表人:韦××,注册资金:港元2088万元,企业类型:独资经营,经营范围:建设并经营二级电站。2007年12月由于建设资金不到位,被某州商务局(文商发〔2007〕163号)终止了公司项目流程,收回外资企业批准证书。

涉案财务会计的原始凭证、现金日记账、明细账、总账、报表及调查材料的检验。

①前期工程费用投入。

以委托方移交的公司会计凭证21本,总账、明细分类账、现金日记账等8本,会计报表1份,作为本鉴定的主要书面材料,鉴定专业技术人员把国家现行会计法律法规和《企业会计准则》及《企业会计制度》作为本鉴定的标准和规范。在鉴定过程中,按照法定的程序,结合本项目实际情况,鉴定人员按照委托机关对鉴定事项要求,在公司财务人员的配合、支持下,对公司前期投入的工程费用,采用详查法,从经济业务发生时原始单据、记账凭证、明细账、总账、会计报表整个财务核算程序入手,并根据重要性程度不同进行分类:费用支出时有合法原始单据发票的作为第一类;费用支出时没有发票,但是经过公司内部授权审批报销的视同原始凭证合理认可作为第二类;费用支出时无公司内部授权审批报销手续的作为第三类;以收条、汇款单等其他凭证报销列支的作为第四类。本中心认为:费用支出时取得合法的原始单据发票,并在经济业务活动中实际发生且经过公司管理层同意,按内控制度授权审批的予以确认;费用支出时未取得合法的原始单据,以白条、借条、汇款单、支出清单报销的不予确认,从前期工程费中剔除。通过鉴定对原前期工程费作了如下调整。

Ⅰ.2008年5月24日以债务虚增工程费用支出7 899 997.00元,其中:

张×才1 734 262.00元;

邹×印1 250 000.00元;

张×平等3人1 514 049.00元;

郭×茂483 040.00元;

郭×明160 746.00元;

杨×农500 000元(含公路款)。

以上共计5 642 097.00元,其中:张×才、邹×印、张×平等3人、郭×明的投入资金已经过某州中级人民法院判决、调解后,公司已作为债务在账上记录,不得重复作为工程费用支出。

周×金指挥部房子600 000.00元;

周×金大坝挡墙857 900.00元;

周×金储水池工程款800 000.00元。

周×金的工程款共计2 257 900.00元,未提供施工合同及工程预、决算资料,依据不充分,不予确认。

以上两项属于虚增工程费用,应从工程费中剔除。

Ⅱ.未按公司内控制度授权审批的不予确认。

A 未经公司管理层按公司内控制度授权审批,用白条、支出清单报销列入工程费用104 281.38元;

B用借条作为支出报销800.00元；

C用汇款单作为支出报销51 736.75元。

以上三项共计156 818.13元，从前期工程费中剔除。

Ⅲ.记账凭证与所附的原始单据不符。

原始单据的数额比记账凭证数额多4736.11元，以原始单据记录的数额为准进行确认。

Ⅳ.明细账与原始单据不符。

原始单据的金额比明细账记录的金额少7211.65元，以原始记录的数额为准进行确认。

经过我们对以上Ⅰ—Ⅳ项鉴定，最终确认前期工程费用为4 391 596.36元 [12 455 617.14 − 7 899 997.00 − 7211.65 − (104 281.38 + 800.00 + 51 730.75) = 4 391 596.36元]。

②在建工程投资。

对于公司在建工程投资，由于委托方未提供投资建设项目勘察、设计、规划、施工等资料。我中心工程专业技术人员深入到电站施工现场。某县人民政府抽调县发展与法制局、某乡政府、某村委会、某公司（业主单位）等有关部门、单位的工作人员组成工作小组，并在现场见证，配合和支持我中心工程专业技术人员现场勘测工作。以施工现场停工时的工程现状原貌，采取各种工程测量方法重新勘测得到该工程所包含的临时工程、进场公路土建工程、压力池土建工程、引水明渠土建工程、厂房土建工程、导流洞土建工程实际工程量，依据国家有关的工程预算定额，预算编制办法计算得到公司在建工程的金额如下。

Ⅰ.建筑安装工程费1 480 378元，其中：

临时工程总额266 338.00元；

进场公路土建工程4.300km，金额430 000.00元；

压力池土建工程10 668.000m^3，金额158 166.00元；

引水明渠土建工程4.300km，金额430 000.00元；

厂房土建工程1处，金额39 290.00元；

导流洞土建工程120m，金额156 584.00元。

Ⅱ.设备及工具、器具购置费,办公用品及生活设施总额 50 000.00 元。

Ⅲ.工程建设其他费用:

建设方管理费总额 29 608.00 元。

以上Ⅰ—Ⅲ项以实际勘测实物工程量为准,依据国家最新的工程预算定额、预算编制办法进行计算得到公司在建工程的金额为 1 559 986.00 元。

综上所述,公司二级电站总投资为 5 951 582.36 元。

4.论证

(1)前期投入工程费用鉴定论证

本中心分别以公司的财务会计资料为基础,经过分类调整与按原始记录相核对确定前期投资额。

(2)在建工程投资鉴定论证

本中心工程专业技术人员深入到电站施工现场,会同有关部门、单位的工作人员组成工作小组。小组以施工现场原貌为基础,采取各种工程测量方法重新勘测实际工程量。之后,依据国家有关的工程预算定额及预算编制办法,计算得出在建工程的金额。

某县在进行鉴定工作时,以公司的财务会计资料为基础,以中心工程专业技术人员现场勘测工程量清单为辅助。由于本项目缺少工程项目资料,这对鉴定结果会产生一定的影响,工程专业技术人员在现场勘测工程量时,只能做到尽量客观。

5.鉴定结论

根据上述鉴定情况进行分析,确认如下。

公司前期工程项目总投资 5 951 582.36 元,其中前期工程费用 4 391 596.36 元,在建工程金额 1 559 986.00 元。

本鉴定结论仅供某县人民政府收回公司二级电站开发权、对前期工程的总投资价值进行补偿作为参考依据,未经鉴定机构同意,不得向委托方之外的单位或个人提供报告的全部或部分内容。

5.5 企业联营合同涉案司法会计鉴定

1. 鉴定的依据

某州中级人民法院2000年8月12日26号司法会计鉴定委托书。

2. 案件情节

1992年5月,某农场(以下简称农场)、某矿签订了共同投资组建某冶炼厂(以下简称联营厂)的协议,约定农场投资140万元,约占投资总额的45%,联营厂建成投产后,达产达标期间实行由某矿承包利润指标管理方案,具体指标为第一年上缴利润80万元,第二年上缴利润90万元。后因客观条件发生变化,联营厂投资超出原概算约200万元(实际结算该厂投资总额为544.73万元),某农场实际投入135万元,某矿承包经营发生了亏损,未能向联营厂上缴利润。为此,双方于1994年12月16日进行协商,形成《会议纪要》,即农场不再投入资金,根据双方实际投资金额重新确定投资比例。1998年12月,因企业改制需要,农场对联营厂账务进行清理,农场认为某矿存在违约行为,因此,双方发生联营合同纠纷。农场向某州中级人民法院请求判令双方解除联营合同,并退还其投资135万元及其法定利息。某矿向某州中级人民法院申请对联营厂账务进行审计鉴定。为使该案得到客观公正和实事求是的判决,维护投资双方的合法权益,某会计师事务所有限公司接受某州中级人民法院的委托,对联营厂的财务状况及盈亏情况进行司法会计鉴定。

3. 要求鉴定解决的问题

某州中级人民法院2000年8月12日签发的司法会计委托书,要求通过鉴定解决以下问题:

联营厂固定资产投入(双方各自投入数额);

流动资金投入数额(双方各自投入数额、投入时间、至今利息);

自生产经营以来的亏损总额。

(1) 提供鉴定的资料

①联营厂1994年至2000年6月部分与鉴定有关的原始凭证、记账凭证、会计报表等财务会计资料及文件；

②农场和某矿签订的《关于合资建设电炉锌粉厂的联营协议》《补充协议》《联营事务商谈会议纪要》《关于联营纠纷鉴定的会议纪要》等资料；

③国家科委(91)国科发计字281号和省科委云科计发字〔1993〕11号文件；

④中国农业银行×支行《借款合同》、贷款利息计算及结算凭证等其他资料。

(2) 对所提供资料的鉴定

在对以上所举各项资料进行形式和实质方面的检查、验证之后，查明以下各点。

①关于第一个问题。

根据联营双方《关于合资建设电炉锌粉厂的联营协议》第九条工艺技术："引进云南会泽铅锌矿的电热法生产电炉活性合金锌粉新技术,该项目列为省级'星火计划'",第十条"该项目建成投产后可年产合金锌粉1000吨"及县农业银行《借款合同》及有关资料鉴定验证,固定资产总投入5 300 392.89元(于1994年12月31日30#记账凭证由工程资产转入固定资产)。其中:农场投入1 350 000.00元,占25.47%,某矿投入3 950 392.89元,占74.53%(含2 940 000.00元贷款投入及其1992—1994年借款利息资本化支出751 522.80元),这是联营双方在《关于联营纠纷鉴定的会议纪要》中认可和鉴定所证实的。

②关于第二个问题。

根据1994年12月16日联营双方《联营事务商洽会议纪要》的商定:农场除投资135万元外不再投入资金,并经鉴定人委托会计师于2000年8月12日至8月16日对联营厂财务会计资料查证,从1994年1月,联营厂投产后,流动资金一直由某矿垫支,维持了联营厂的持续经营。至1999年12月31日止,某矿垫支流动资金余额为8 941 794.24元。

流动资产存在货币资金、应收账款、存货等形态,在使用过程中,流动资金总是不断地变化其形态,最终转移到生产的产品中,在联营厂的财务状况和经营成果中得以体现。我们实施了包括抽查会计记录等必要的会计鉴定程序,经验证,某矿垫支的流动资金的对象多属于往来款项。因双方未约定按银行同期流动资金借款利率计息,依据现行国家有关的财务会计法律法规和制度的规定,该垫支的流动资金不计利息。

③关于第三个问题。

根据联营双方《关于联营纠纷鉴定的会议纪要》协定:关于亏损总额的鉴定,双方一致认为,只涉及流动资金利息及粗锌冶炼试验损失两方面,其余以报表反映为准。关于流动资金利息,按前第二问题鉴定,不计利息,因此不影响盈亏。关于粗锌冶炼试验,根据省科委云计发〔1993〕011号文件,该项目承担单位为某矿,参加单位为某矿,试验单位(地点)为联营厂,试验情况已反映在联营厂财务活动中。根据《工业企业财务制度》的规定,应将试验损失列为待处理财产损失(固定资产、流动资产损失),待报有权审批核销的部门审批后方能作为损失处理。

4. 鉴定结论

根据对本鉴定书上述资料的分析,鉴定确定下列各点。

联营厂固定资产投入总额为5 300 392.89元,其中:农场投入1 350 000.00元,某矿投入3 950 392.89元(含2 940 000.00元贷款及其1992—1994年利息资本化支出751 522.80元)。

自投产以来,流动资金一直由某矿垫支,至1999年12月31日止,垫支流动资金余额为8 941 794.24元,垫支的流动资金不计利息。

截至2000年6月30日,联营厂累计亏损2 880 765.89元。

5.6 风电场49.5MW、110kV升压站合同纠纷误工费用鉴定

1. 基本情况

委托方:某人民法院。

委托鉴定事项:对风电场49.5MW、110kV升压站合同纠纷误工费用金额进行鉴定。

受理日期:2012年5月7日。

鉴定材料如下。

①风电场49.5MW、110kV升压站村民阻挠施工造成误工费用计算表、机械台班费用构成表、机械误工台班统计表、人工误工工日统计表、现场签证单;商品混凝土送货单3份、收方计量签证表2份、土石方开挖机械租赁协议、居民身份证1份。

②风电场110kV升压站电气设备安装工程投标文件1本。

③风电场110kV升压站电气设备安装调试招标资料汇编1本。

④风电场49.5MW、110kV升压站设备安装工程施工合同2本。

⑤公证书1份。

⑥建设用地规划许可证1份。

⑦某省发展和改革委员会文件1份。

以上鉴定材料及相关材料由风力发电有限公司提供,并对其真实性、合法性负责。

鉴定日期:2012年5月22日至2012年8月6日。

鉴定地点:本单位办公室。

鉴定单位参加人员:陈×东、陈×怀、涂×明。

被鉴定单位及内容:风电场49.5MW、110kV升压站合同纠纷的材料损失、误工损失、机械台班费的损失。

2. 鉴定案件摘要

反诉原告风力发电有限公司,在工程项目投资建设过程中,与反诉被告和平承租农村集体流转的土地使用经营权权属争议而发生民事纠纷,反诉原、被告双方诉讼于某人民法院。接受某人民法院司法鉴定委托,对风电场49.5MW、110kV升压站合同纠纷误工费用进行司法鉴定。为某人民法院审理风力发电有限公司与和平纠纷就材料、误工、机械台班等费用实际损失资金数额进行赔偿提供参考依据。

依据法院委托鉴定中心的《司法鉴定委托书》。鉴定中心接受委托,指派司法鉴定专业技术人员根据风力发电有限公司提供的鉴定材料,以特定的鉴定目的,遵循公认的鉴定原则,按照严谨的鉴定程序,运用科学的原理和方法,在认真分析研究检查验证鉴定材料的基础上,对风电场49.5MW、110kV升压站合同纠纷误工费用金额进行司法鉴定。

3. 检验过程

鉴定要求:材料损失、误工损失、机械台班费的损失。

(1) 鉴定依据

①风电场110kV升压站建筑工程施工合同文件。

②相关法律法规及技术规范要求。

③2007公路工程机械台班费用定额。

④工程量现场签证单。

⑤设备租赁合同。

(2) 鉴定过程

①材料损失。

Ⅰ.2011年7月21日,风电场110kV升压站工程损失费1项11 520.00元;

Ⅱ.2011年9月10日,风电场110kV升压站工程损失费1项14 720元;

以上Ⅰ—Ⅱ项材料损失共计26 240.00元。

②误工损失。

Ⅰ.2011年6月14日,风电场110kV升压站工程损失费1项27 420.00元;

Ⅱ.2011年6月15日,风电场110kV升压站工程损失费1项17 040.00元;

Ⅲ.2011年6月23日,风电场110kV升压站工程损失费1项59 640.00元;

Ⅳ.2011年7月8日,风电场110kV升压站工程损失费1项25 560.00元;

Ⅴ.2011年7月12日,风电场110kV升压站工程损失费1项68 160.00元;

Ⅵ.2011年7月20日,风电场110kV升压站工程损失费1项25 560.00元;

Ⅶ.2011年7月21日,风电场110kV升压站工程损失费1项5760.00元;

以上Ⅰ—Ⅶ项误工损失共计229 140.00元。

③机械台班费的损失。

Ⅰ.2011年6月15日,风电场110kV升压站工程损失费1项11 397.62元;

Ⅱ.2011年6月23日,风电场110kV升压站工程损失费1项39 891.70元;

Ⅲ.2011年7月8日,风电场110kV升压站工程损失费1项17 096.44元;

Ⅳ.2011年7月12日,风电场110kV升压站工程损失费1项45 590.50元;

Ⅴ.2011年7月20日,风电场110kV升压站工程损失费1项17 096.44元;

Ⅵ.2011年7月21日,风电场110kV升压站工程损失费1项172.50元;

Ⅶ.2011年9月10日,风电场110kV升压站工程损失费4140.00元;

以上Ⅰ—Ⅶ项机械台班费的损失共计135 385.20元。

综上所述,①—③项以实际施工造成损失费用为前提,依据国家最新的工程预算定额,预算编制办法进行计算得到风电场49.5MW、110kV升压站合同纠纷误工费用的金额为390 765.20元。

4. 论证

工程量为现场误工签证单已确认的工程量。

误工的人工工日单价按承包商所发放的人工工资标准确定,人工平均工日单价为120元/工日。

误工的机械台班单价分两部分考虑,一部分为市场租赁设备,另一部分为自购设备。对于市场租赁的设备,误工台班单价为实际的租赁市场价折算至每台班的价格;对于承包商自购的设备,误工台班单价仅考虑采购设备的折旧费,以此作为自购设备的误工台班价格。

市场租赁设备的租赁协议作为附件,自购设备的折旧费计算标准参照2007公路工程机械台班费用定额进行编制(JTG/TB 06—03—2007)。

5. 鉴定结论

根据上述鉴定情况进行分析,确认如下:

风电场49.5MW、110kV升压站合同纠纷误工费用的金额为390 765.20元,其中:材料损失26 240.00元;误工损失共计229 140.00元;机械台班费损失共计135 385.20元。

第6章　概率论与数理统计在司法会计鉴定中的应用创新

6.1　数理统计推断结论作为司法诉讼证据

笔者结合这些年开展司法会计鉴定工作的实际情况，仅限于"司法会计鉴定领域"，现以案例的方式，就"非法集资"案件司法会计鉴定实践中存在的问题和应对策略进行探讨，以期为司法会计鉴定工作规范化建设提供有益参考。

1．案例概述

（1）某集团公司，被鉴定人 YNX 等若干人，通过设立公司为融资主体，用借款、股金、投资协议、融资理财产品等方式向社会公众吸收资金 6.61 亿元，支付本金和高额利息 4.1 亿元；在经营过程中资金链断裂，到期不能正常偿还投资人本息 2.51 亿元，在该市造成重大社会影响。

（2）在司法会计鉴定中存在的问题有如下几点。

①缺乏财务会计资料，用电子数据作为司法会计鉴定的检材。

司法会计鉴定是应用会计学和审计学的原理和方法，对财务会计资料进行鉴定，如原始单据（凭证）、记账凭证、账本、财务报表等相关鉴定资料。由于涉案的各种主客观方面，这些鉴定资料被鉴定主体隐匿、毁损、灭失。在这种情况下，鉴定资料不完整，实际上是不具备司法会计鉴定的条件的。根据最高人民法院司法解释，可以用电子数据作为鉴定检材。但是，从原始数据取得的结论的合法性要求很严，数据计算机技术处理也有一定的难度。特别是在非法集资个案中涉及的区域广，一般都是跨地区，涉及投资者人数较多。交易方式大都在互联网上交易，多个银行开户网点。委托机关从开户银行提取的交易流水会有遗漏形成断裂。这对于鉴定机构和鉴定人来说,简直在挑战新时期信息化时代司法会计鉴定工作的极限。

②常用设置两套(本)账核算,隐瞒吸收社会公众的资金来源与流向。

被鉴定人 YNX 虽然按法人主体设立会计机构、配置财会人员,但未按会计准则进行会计核算和编制公司财务报告。违反国家《公司法》《会计法》《企业会计准则》的有关规定,设置两套(本)账核算公司财务会计业务。公司核心实际控制人被鉴定人 YNX 操纵内账,不对外披露财务报告,外账披露虚假的财务报告,误导国家主管行政机关、社会公众投资者,隐瞒藏匿吸收社会公众的资金来源和使用,产生了很大的负面影响。

③资料缺失司法会计鉴定的程序受到一定的限制。

Ⅰ. 缺少某集团公司某子公司×年、×年×月纸质部分会计凭证。

Ⅱ. 内、外账交叉,原始单据只能附在其中一套凭证的后面,导致另一套账的记账凭证上未附原始单据。

Ⅲ. 外账隐瞒藏匿吸收社会公众存款业务来源和用途。

以上所述:鉴定资料不完整,会计核算不规范,传统鉴定方法受限。因此,新时期要做好司法会计鉴定工作,必须不断在理论和实践中创新。

2. 案例分析

本案例鉴定前投资者的人数为 5881 人,涉案金额 6.76 亿元。其中:向公安机关报案的投资人数为 2908 人,报案金额 3.47 亿元。经过鉴定后吸收投资者的资金 6.61 亿元,已赔还本息 4.1 亿元,未赔还资金的损失 2.51 亿元。其中:在报案人中有 2878 人已确认,吸收资金数额 4.34 亿元,赔还本息 2.83 亿元,损失金额 2.21 亿元;30 人由于鉴定程序受到限制,无法得出具体的鉴定意见,在鉴定意见书中如实反映。

由于本案例涉及几类吸收资金的主体,为了简化分析过程,现以一个比较典型的主体作为分析对象,其他的主体可以用这样的方法(略)。

第6章 概率论与数理统计在司法会计鉴定中的应用创新

(1)某集团公司其子公司吸收投资者1667人的实际资金2.64亿元;

(2)实际退还本金0.78亿元;

(3)支付红利0.52亿元;

(4)投资者损失金额1.34亿元;

(5)7个投资人在合同、收据、账上等鉴定材料都找不到相关的姓名及信息,无法得出相应的鉴定意见。

根据以上司法会计鉴定的资料,作一个简单的线性回归分析。定义 Y 为被解释变量投资者损失,解释变量报案损失 Baoan,会计账面上损失 Zhang,双方签订的合同损失 Hetong,残差 ω。建立以下回归方程:

$$Y = \alpha + \beta_1 Baoan + \beta_2 Zhang + \beta_3 Hetong + \omega$$

表6-1报告所选变量描述性统计,被解释变量平均值80 194.53元,平均值标准误差3235.04元,偏斜度4.84,峰度41.04,近似正态分布,对于较大的项目来说数值都比较小,解释变量也如此,说明本次司法会计鉴定客观地反映了本案的实际情况。

表6-1 所选变量描述性统计

变量	N	最小值	最大值	平均值	偏斜度	峰度	平均值标准误差
Y	1667	283 200	2 005 600	80 194.53	4.84	41.04	3 235.04
Baoan	1667	0.00	5 000 200	102 086.50	11.37	202.91	5 310.43
Zhang	1667	113 000	2 015 600	81 719.07	4.91	40.55	3 307.56
Hetong	1667	2 015 600	2 015 600	83 675.68	4.76	38.28	3 383.96
有效的	N (listwise)1658						

对上述回归模型进行回归,得出表6-2司法会计鉴定回归结果。

表6-2报告 R^2 为0.977,说明模型拟合度较好。解释变量 β_1、β_2、β_3 的回归系数分别为0.09、0.524、0.430,系数符号都为正,系数数值较小,$P<0.01$,全部都通过1%的T统计性显著性检验,很好地解释了鉴定得到的结论。

表 6-2　司法会计鉴定回归结果

变量	Y
Constant	297.80
	(0.519)
baoan	0.09***
	(2.925)
zhang	0.524***
	(38.975)
hetong	0.430***
	(39.216)
N	1667
$Adj-R^2$	0.977

注：括号内表示 t 值，＊＊＊表示1%的显著性水平。

从图 6-1 被解释变量 Y 直方图看，与统计描述性、回归分析得到的结果一致，数据比较集中，近似标准的正态分布，更进一步地解释了本次司法鉴定结果的客观性。

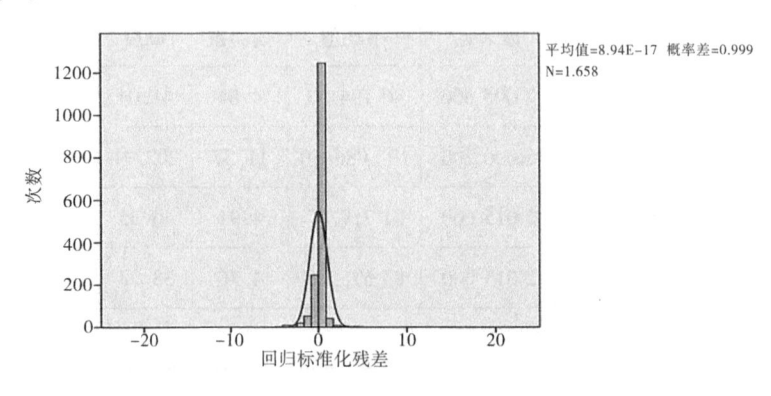

图 6-1　被解释变量 Y 直方图

上述案例分析，主要是通过计算机技术和方法对被鉴定对象进行司法会计鉴定，最终得出科学客观的鉴定意见，以适应本案司法诉讼的需求。

3. 未来非法集资司法会计鉴定中建议

(1)熟悉国家法律法规及政策；

(2)提高司法会计鉴定人的专业素质和职业道德；

(3)掌握信息化时代计算机专业技术,提高大数据时代分析和处理数据的能力。

6.2 实证法在司法会计鉴定中的应用

通过案例研究认为,实证法得出的司法会计鉴定意见客观、公正、证明效力较强,能提高司法效率。实证结论被司法机关作为专家证据采纳,开创司法会计鉴定实践运用的先例。从方法论视角指导未来司法会计鉴定实践,对司法机关审判同类案件,具有一定的理论价值和实践意义。

笔者尝试在司法会计鉴定,如非法吸收公众存款案、非法集资案件中,采用实证方法研究,通过收集、整理、分析和运用数据,推断、检验得出司法会计鉴定结论。司法鉴定意见作为专家证据,得到法院的判决支持。

1. 司法会计鉴定的主要内容

根据刑事诉讼法的规定,司法机关在诉讼和审判过程中,对复杂、专业性较强的涉案内容,需要聘请专门的机构和专业的人员进行鉴定,鉴定得出的专业意见,依据法定程序质证,作为专家证据采纳。一般而言,非法吸收公众存款案件司法会计鉴定的内容主要包括:涉案的吸收公众存款总数额、吸收本金、赔还本金、赔还利息、投资者的实际损失、盈余等;对非法集资案而言,需要鉴定非法集资的资金总额、资金的用途、赔还的本金、支付的利息等。每一个案件鉴定的具体内容又有所不同。司法鉴定意见是否科学、公正、可信,是否圆满解决委托鉴定问题,是否满足司法诉讼,是否符合相关的法律规定,关系到司法会计鉴定项目的成功与失败。因此,在司法会计鉴定工作中,正确理解司法机关委托鉴定的内容是十分重要的。

2. 实证法在司法会计鉴定中的主要作用

一是保证司法会计鉴定意见书的公正性。公正性是司法会计鉴定必然的价值追求。鉴定意见是否公正，与鉴定程序是否合法、鉴定方法是否科学密切相关。实证法用数据说话，建立数学模型进行定量分析，定性问题用定量方法解决，在一定程度上克服司法会计鉴定专业人员的主观性，有利于保障司法会计鉴定意见的公正性。

二是提高司法会计鉴定意见的效力性。法院是否采信鉴定意见，主要衡量标准是司法会计鉴定意见作为证据使用证明效力的强弱。鉴定人（注册会计师）在执业中根据鉴定检材进行职业判断，由于受到主、客观方面原因影响和自身专业胜任能力的限制，要证明司法鉴定意见效力强，说服法官采纳鉴定意见的难度较大。实证法是一种科学的方法，通过描述性统计分析、相关性分析、回归分析，依据严密的数理逻辑推断，保障鉴定结论的可信度，通常法院会采纳鉴定意见。

三是提高司法会计鉴定的效率。刑事案件的侦查、起诉、判决要受刑事诉讼法的约束，时限性较强。司法鉴定机构不管在哪个阶段接受委托，都会因为时限的要求而必须提高鉴定的效率。经济案件情况往往错综复杂，特别是非法吸收公众存款和非法集资案件，涉案人数较多（成千上万），地域分布广泛（跨国、跨地区），时间跨度长，涉案金额较大。在指定的时间内（一般为1个月）要完成鉴定任务，面临较大的困难和挑战。但是，在信息化、互联网+时代，货币交易方式及其电子数据化，也为采用实证法进行司法会计鉴定提供了有利条件。运用计算机算法、大数据分析，结合实证法来进行司法会计鉴定，有利于提高司法会计鉴定的效率。

3. 实证法在司法会计鉴定实践中的具体运用

(1) 非法吸收公众存款案（案例一）

受某县公安局的聘请，对该县某咨询公司于2015—2019年涉嫌非法吸收公众存款案进行司法会计鉴定，需要解决的专业问题如下：

①涉嫌非法吸收公众存款的涉案金额；

②涉嫌非法吸收公众存款的被害人涉案金额明细情况；

③对嫌疑人某咨询公司 2015 年至 2019 年收入情况进行鉴定；对嫌疑人某咨询公司 2015 年至 2019 年支出进行鉴定。

（2）传统司法会计鉴定方法得出的鉴定结论

通过采用审计法、证据链接法、系统分析法、因素排除法等司法会计鉴定方法，对鉴定资料（会计资料、卷宗等）进行鉴定（鉴定过程略），鉴定结论如下。

2015—2019 年，某咨询公司累计吸收公众存款资金数额共计 4.32 亿元，导致 908 位社会公众投资者造成实际损失 0.74 亿元，432 位投资者盈利 -0.24 亿元，62 位各种不同类型的投资者收回 0.024 亿元，其中：32 人（收回本息，不盈不亏）持平、26 人欠协会借款。

（3）实证法检验鉴定结论过程

假设：鉴定结论的可信度较高。通过选取适当的被解释变量和解释变量构建有效模型，进行描述性、相关性、Tobit 模型回归分析，并对模型是否稳健进行检验，最终证实鉴定结论的可信度。

①建立 Tobit 回归模型。

因变量如果在某种程度上有限，那么最小二乘（OLS）估计量通常是有偏差的，甚至渐近条件下，可以采用 Tobit 回归模型。

②样本选取。

样本来源于委托机关提供的被鉴定人某咨询公司 2015—2019 年涉案总表中的数据，鉴定专业人员导入审计软件，制作成电子数据文件。

Tobit 模型是一个引入所谓"样本选择"的更一般化模型的特殊形式。在这些模型中，存在第二个等式，称为选择方程，以决定一个预测值是否被选入样本中。这使得样本不再是随机性的，而是从一个更大总体的特殊总体中提取的。

Tobit 模型的一般形式为：$Y^* = y_i'\beta + \mu_i$

如果 $Y_i^* \leq 0, Y_i = 0$

如果 $Y_i^* > 0, Y_i = Y_i^*$

其中：$\mu_i \sim N(0, \sigma^2)$，$Y_i$ 投资者实际经济损失数。

③实证模型设定。

通过计算机系统自动优选，建立具体的混合（FMM）模型如下：

$$Y = \alpha_0 + \alpha_1 X_1 + \alpha_2 X_2 + \alpha_3 X_3 + \varepsilon$$

变量定义和解释：Y 代表被害人投入资金的损失；X_1 代表非法吸收社会公众存款，主要是指本金；X_2 主要是吸收者赔还被害人的本金；X_3 代表吸收者支付给被害人的利息；ε 是误差项。

Ⅰ. 描述性统计分析。

描述性统计分析的目的是研究所使用的数据是否均匀，存在偏离的奇大或奇小的数据，如果存在就进行修正、剔除处理，使数据均匀集中，近似正态分布。如表6-3所示。

表6-3 描述性统计分析表

变量	样本数	变量系数	标准差	最小值	最大值
Y	1402	10.34968	4.691183	0	13.81551
X_1	1402	12.82036	0.9485942	10.78932	15.57681
X_2	1402	6.125278	6.309005	0	15.42495
X_3	1402	9.15583	4.520133	0	13.80546

通过表6-3描述性统计分析，总共参与人有1402人，各个变量值的系数、系数标准误差、最小值与最大值之间，客观地反映该项经济活动情况，未见异常的极端值，鉴定数据符合要求，可以作为司法会计鉴定实证的数据使用。

Ⅱ. 相关分析。

相关关系（Correlation Relationship）是客观社会经济现象之间相互联系的一种形式。在非法吸收公众存款活动中，主要是反映整个活动各个变量之间是否存在相关关系，具体数学区间在(-1,1)，如果存在，强度如何？相关分析如表6-4所示。

表6-4 皮尔逊矩阵相关性分析

	Y	X_1	X_2	X_3
Y	1.0000			
X_1	0.5718	1.0000		
X_2	0.1737	0.8873	1.0000	
X_3	0.4378	0.7845	0.5810	1.0000

通过表6-4皮尔逊矩阵相关性分析,Y与X_2变量相关系数0.1737最小,呈弱相关,X_1与X_2变量的相关系数0.8873最大,呈强相关,X_1变量呈中等程度相关关系。

Ⅲ. Tobit模型回归分析。

非法吸收公众存款案件中,比较特殊的问题就是在前期的投资者,不但收回本息,还获得超过金融机构同期利率4倍以上的非法收益。另一部分投资者因非法吸收资金的组织、个人的资金链断裂,无法收回本息而造成损失。司法会计鉴定要解决的主要问题是核实投资者实际的经济损失数额。损失变量包含Y取值为0或1的分类变量,因变量(被解释变量)属于分类变量会受到限制。采用Tobit模型回归分析如表6-5所示。

表6-5 投资者实际损失的Tobit模型回归分析

变量	Y
Constant	9.1334*** (0.97)
X_1	0.9432854*** (36.14)
X_2	−0.7943187*** (−33.02)
X_3	−0.792288*** (−13.95)
political	Control
N	1402
P > chi2	<0.0000

注:括号内的数字是t统计量,***、**和*分别表示1%、5%和10%统计显著性统计水平;对原始的数据取自然对数。

数据来源:委托方负责网络安全经警办案人员提供,作者根据统计软件计算结果整理。

从表6-5可以看出，X_1本金变量前的符号为正，系数0.9432854，t值36.14，通过1%的统计显著性水平检验。X_2、X_3变量前的符号为负数，赔还本金和支付利息具有数学上的性质，分别为 -0.7943187、-0.792288；t统计量分别为 -33.02、-13.95，都通过1%的统计的显著性的水平检验。本项目鉴定解释变量非法吸收社会公众资金变量，很好地解释了被解释变量给广大的社会投资者造成投资实际损失的鉴定结论是可信的，P值为0.0000，可信度达到99.9999%，鉴定结论得到了验证。如图6-2所示，数据呈正态分布，趋势较为集中，效果较好。

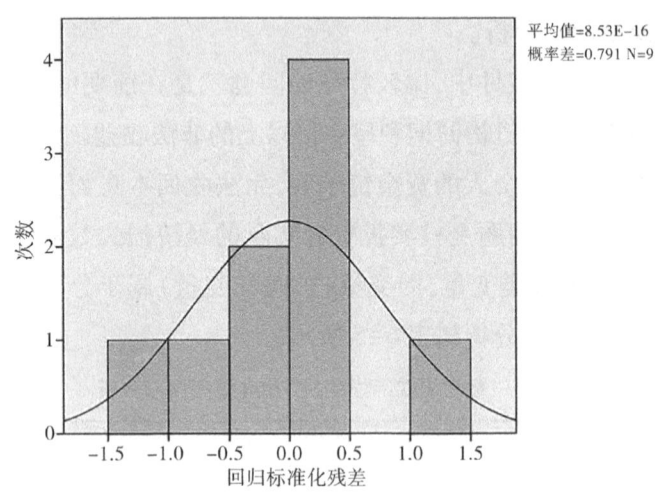

图6-2　直方图和正态曲线拟合密度

Ⅳ. 根据图6-2计算得出投资者实际损失和盈余的面积。

给定的函数 $Y = (9.1334 + 0.9943x_1 - 0.7943x_2 - 0.7923x_3)\mathrm{d}x$，在 $(-1.5, 1.5)$ 上的定积分面积。

代入 $x_1 = 1, x_2 = 1, x_3 = 0.5$

$Y = (9.1334 + 0.9943 \times 1 - 0.7943 \times 1 - 0.7923 \times 0.5)$

$Y = 9.1334 + 0.9943 - 0.7943 - 0.39615$

$0.9943 - 0.7943 = 0.2；9.1334 - 0.39615 = 8.73725；8.73725 + 0.2 = 8.93725$

$$f(x) = \int_{-1.5}^{1.5} 8.93725 dx$$

$$= 26.81175$$

函数 $Y = (9.1334 + 0.9943x_1 - 0.7943x_2 - 0.7923x_3)dx$ 在区间 $(-1.5, 1.5)$ 上的积分面积值为 26.81175。因此,使用高等数学微积分计算面积的近似值,表示投资者损盈情况鉴定结果是科学的,这种图解和数学分析方法,在未来复杂的司法会计鉴定工作中是可以借鉴的。

Ⅴ. 稳健性检验。

使用本金变量 X_1 替代投资者的实际经济损失变量 Y,重复上述文中的回归模型进行检验,结果未发生实质性变化,得到与上述同样的结果,说明实证模型是稳定的。

实证结论:在 Tobit 回归系数中 X_1、X_2、X_3 通过了检验($P - value = 0.0000 < \alpha = 0.01$),全部解释变量都通过 1% 的统计显著性检验,鉴定结论可靠性达到 99%。

(4)鉴定意见

通过实证法在上述鉴定中的应用,验证了某县××咨询公司在 2015—2019 年,涉嫌非法吸收公众存款案的意见如下。

①某咨询公司累计吸收公众存款资金数额共计 4.32 亿元。

②该行为导致 908 位社会公众投资者造成实际损失 0.74 亿元。

③该行为使 432 位社会公众投资者盈利 -0.24 亿元。

④62 位各种不同类型的投资者收回 0.024 亿元。

以上鉴定意见可信度为 99%,该司法会计鉴定意见得到了法院的采信。

(5)非法集资案(案例二)

鉴定需要解决的问题:本所接受某州监察委员会的委托,要求根据某州中医医院的财务状况,鉴定是否有向民间私人借款的必要性。

案情分析:本案是法人职务犯罪,属于典型的司法会计定性鉴定问题。被鉴定单位有健全的会计机构,财会人员配备齐全,按照财政部颁布的《医院会计制度》的规定进行财务核算,财务报表显示,2008年至2016年累计向民间私人集资1.98亿元,赔还利息8141.32万元。民间私人集资资金与医院的正常经营资金一起核算,各个渠道的资金来源可以分清,如财政拨款、银行贷款、门诊收入、住院收入、销售药品收入等。民间私人集资资金一旦进入单位银行基本账户(资金池)后,资金的用途流向区分困难。因此,常规的鉴定方法,很难得出定性的结论,满足不了司法鉴定的要求;在法庭质证过程中也难以经受各方诉讼参与人的质疑,不被法院采信的可能性较大。

鉴定思路:是否需要向民间私人借款,与单位流动资金是否充足有关,流动资金(即短期流动性风险和长期流动性风险度量来衡量)不足,需要对外借款;流动资金充足就不需要对外向民间私人借高成本的资金。这个定性问题,可以采用定量的实证方法来解决。

实证法直接推断得出鉴定结论。

①相关学科理论。本次鉴定涉及的学科理论主要有:会计学、统计学、概率论与数理统计、计量经济学,以统计的分析软件为研究工具。

②鉴定方法:采用实证法。

③鉴定检材。司法会计鉴定的数据必须合法。鉴定检材是某州中医院2008年1月1日至2016年12月31日的财务报表数据。在监委办案人员的全程监控下,鉴定专业人员现场从服务器里取出会计电子账上的数据,用审计专业软件转化后打开电子账上的数据;并要求被鉴定单位提供与电子账上完全一致的纸质的会计报表,封面上加盖单位公章确认。某州财政局每个年度都要求其中医院提交年度决算会计报表,并对决算会计报表进行批复。

④是否有必要向民间私人借款的论证。需要解决两个问题:一是度量短期流动性风险,考察经营活动产生的现金流量对流动负债的比率的高低;二是度量长期流动性风险,考察经营活动产生的现金流量对总负债比率的高低。

⑤研究假设。某州中医院是本地区财政差额拨款的事业单位,医务人员工资纳入财政预算,绩效视其经营效益情况而定,差异不会太大,营业收入相对稳

定。由于城市化建设的需要,该医院搬迁到城南片区。某州中医院搬迁时候财政拨款给予适当补助,商业银行给予政策性低息贷款的支持,大宗医疗设备按照商业惯例实行融资租赁。某州中医院搬迁基建资金缺口,主要依靠医院经营活动产生的现金流量、财政补助及金融资金支持解决。

一般来讲,一个健康企业的经营活动产生的现金流量对流动负债的比率为40%或更高;正常企业经营活动产生的现金流量对总负债的比率一般为20%或更高。

假设:某州中医院的财务状况,有充足的经营资金来源,不需要向民间私人借款。

⑥数据和度量。

Ⅰ.鉴定数据。

2008—2016年鉴定数据变量(原始的数据取自然对数Ln)指标如表6-6所示。

表6-6 2008—2016年鉴定数据变量指标表

序号	变量			
	Y	X_1	X_2	X_3
1	1.838576	2.015951	0.345596	0.654404
2	1.245365	0.897303	0.500951	0.499049
3	0.853235	0.624164	0.482938	0.517062
4	0.538888	0.386667	0.552828	0.447172
5	0.743861	0.430037	0.568882	0.431118
6	0.699954	0.450537	0.807508	0.192492
7	0.629832	0.453453	0.997978	0.002022
8	0.559478	0.356390	1.094540	-0.094540
9	0.980527	0.353074	1.244032	-0.244032

注:数据来源被鉴定单位服务器。

Ⅱ.定义数据变量。

短期流动性风险的度量。

因变量:Y为被解释变量。

$$Y = \left\{ \frac{经营活动产生的现金流量}{[(期初流动负债 + 期末流动负债)/2]} \right\} \times 100\%。$$

长期流动性风险的度量。

自变量:X_1为解释变量。$X_1 = \left\{ \dfrac{经营活动产生的现金流量}{[(期初总负债 + 期末总负债)/2]} \right\} \times 100\%。$

X_2为资产负债率,解释变量。$X_2 = \dfrac{负债总额}{资产总额} \times 100\%。$

控制变量:X_3为产权比率。$X_3 = \dfrac{所有者权益总额}{资产总额} \times 100\%。$

⑦实证模型设定。

根据是否有必要向民间私人借款的问题,实证模型设定主要是某W州中医院财务指标解释和预测财务状况问题。因此,设定普通最小二乘(OLS)回归模型如下:

$$Y = \beta_0 + \beta_1 X_1 + \beta_2 X_2 + \beta_3 X_3 + \varepsilon$$

Y为经营活动产生的现金流量对流动负债比率,是否有充足的现金流量,度量短期流动风险;

β_0为常数项;

X_1为经营活动产生的现金流量对总负债的比率,度量长期流动风险;

X_2为资产负债率;

X_3为产权比率;

ε为误差项。

其中:X_2、X_3为管理指标,考察负债、权益对资产的结构情况。

Ⅰ.描述性统计分析。

从表6-6看出,某州中医院向民间私人借款后,短期流动性风险和长期流动性风险相应增加,资产负债率逐年上升,到2016年末达到124.4%,产权比率逐年下降,2016年末达到-24.4%,对财务状况产生一定的影响。

根据表6-6数据,描述性统计分析如表6-7所示。

表6-7 描述性统计分析表

变量	样本量	变量系数	标准差	最小值	最大值
Y	9	0.8989	0.4172	0.5389	1.8386
X_1	9	0.6631	0.5358	0.3531	2.0160
X_2	9	0.7328	0.3149	0.3456	1.2440
X_3	9	0.2672	0.3149	-0.2440	0.6544

从表6-7看出:各变量值均匀,最小值和最大值差异不大,不存在异常极端值,可以作为检材的鉴定基础数据。

Ⅱ.相关性分析。

相关性分析结果见表6-8所示。

表6-8 皮尔逊矩阵相关性分析

	Y	X_1	X_2	X_3
Y	1.0000			
X_1	0.5667	1.0000		
X_2	-0.4500	-0.8167	1.0000	
X_3	0.4937	0.8117	-0.9958	1.0000

从表6-8看出:Y与X_2的相关系数为-45.00%,与X_3的相关系数49.37%,相关性一般;X_1与X_2的相关系数为-81.67%,与X_3的相关系数为81.17%,相关性较高。说明所选的财务指标存在相关关系,负数在数学上是反向指标。

Ⅲ.回归分析。

回归分析的结果如表6-9所示。

表6-9 OLS回归分析

变量	Y
Constant	-1.411264** (-2.52)
X_1	0.7051923*** (8.42)
X_2	1.68394** (3.30)
X_3	1.99641** (3.07)
N	9
$P>\text{chi2}$	<0.001

注:括号内的数字是t统计量,***、**和*分别表示1%、5%和10%的显著性水平。

表6-9,OLS回归分析得出的结论:X_1系数为0.7051923,t值为8.42,p值为0.000,通过1%的统计显著性检验,X_1对Y的解释能力很强。某州中医院搬迁需要基本建设资金,已通过财政补助、商业银行借款和医院自身积累解决,完全没有必要向民间私人借款。X_2和X_3分别为系数为1.68394、1.99641,t值为3.30、3.07,p值为0.016、0.022,通过5%的统计显著性检验。X_2和X_3对Y的解释能力较强,说明借入民间私人资金的成本较高(通常超过银行同期利率的4倍),举新债,还旧债,资产负债率上升,产权比率下降,当年的经营利润和以前年度积累的资金结余支付借款成本和费用,致使某州中医院的所有者权益为负数,回归分析的结果与表6-4所反映的数据一致。

为了更进一步求证某州中医院的财务状况,使用以下回归方程的实际值对预测值$\hat{Y}$进行预测(表6-10)。

$$\hat{Y} = \beta_0 + \beta_1 X_1 + \beta_2 X_2 + \beta_3 X_3 + \varepsilon$$

表6-10 实际值与预测值对比表

年度	实际值 Y	预测值 $\hat{Y}$
2008	1.83858	1.89879
2009	1.24537	1.06139
2010	0.85324	0.87440
2011	0.53889	0.68508
2012	0.74386	0.71065
2013	0.69995	0.65054
2014	0.62983	0.59308
2015	0.55948	0.49446
2016	0.98053	0.44541

为了更直观反映某州中医院的财务状况,将实际值与预测值用图6-3进行描述。

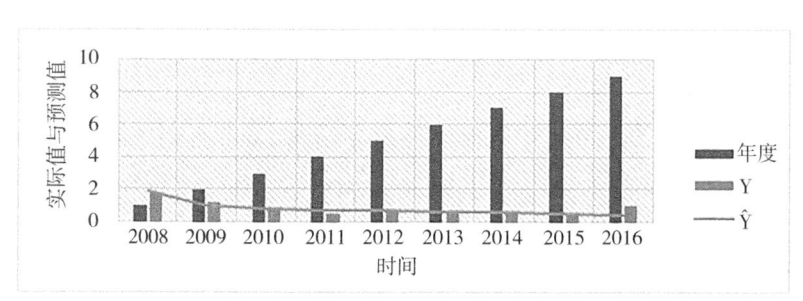

图6-3 实际数与预测值对比图

基期(2008年),实际值(Y)为183.86%,预测值($\hat{Y}$)为189.88%,基本一致,预测值($\hat{Y}$)为189.88% > 40%。说明经营性活动产生的现金流流量对平均流动的比率高,流动资金充足。

报告期(2016年),实际值(Y)为98.5%,预测值($\hat{Y}$)为44.54%,虽然二者波动较大,但是预测值($\hat{Y}$)44.54% > 40%,验证某州中医院的财务状况,流动资金充足,没有必要向民间私人借款。

综上所述,得出如下鉴定意见:根据某州中医院的财务状况,流动资金充足,不需要向民间私人借款。

以上实证法推断得出的结论,直接提交给法院作为司法会计的鉴定意见,通过法庭质证被采信:某州人民法院(20×9)云××刑初××号《刑事判决书》,"经查,出具该司法会计鉴定的鉴定机构和鉴定人均具有鉴定资质,鉴定的委托、受理及鉴定过程的程序合法,得出鉴定意见的依据和理由充分,故本院对该司法会计鉴定意见依法予以采纳,被告人及其辩护人所提该辩护意见不能成立,本院不予采纳"。

4. 结论

本书的创新性探究,开创了我国实证法在司法会计鉴定领域实践运用的先例。实证法得出的司法会计鉴定结论彰显公正,证明力强,提高司法效率,研究案例间接验证和直接推断得出的司法会计鉴定意见,被司法机关作为专家证据采纳。从方法论的视角指导未来司法会计鉴定实践,对司法机关审判同类案件,具有一定的理论价值和实践意义。

5. 案例评价

本案例所提出的是某州中医医院的财务情况,是否有向民间私人借款的必要,属于典型的定性问题,使用定量的实证研究方法解决。此结论被司法机关作为专家证人的科学证据采信,正确判决刑事案件,创新性地在传统的司法实践中突破了"推论"不能作为司法机关量刑定罪的依据。同时,反映当今在大数据时代,用数据说话,让数据证实客观事物的本质特征,将科学研究中实证法运用到具体的实际工作,解决现实社会中实际问题。该案例具有一定的理论价值和社会意义。通过本案例,学生将所学的基本理论知识和专业技术在实践中应用创新,提高自身分析问题和解决问题的能力,培养应用型的专业人才。

2019年12月13日上午,陈×怀博士、国家司法鉴定人、中国注册会计师、高级经济师,在法庭上质证,对检察院公诉人、法院审判法官、律师、犯罪嫌疑人提出的问题,作出科学、客观、公正、实事求是的回答解释。某州法院对该司法会计鉴定意见依法予以采纳,如图6-4所示。

第 6 章　概率论与数理统计在司法会计鉴定中的应用创新

图 6-4　法庭质证现场

此案作为某州旁听庭审现场警示教育活动,警示教育全州领导干部要以案为鉴,如图 6-5 所示。

图 6-5　现场警示教育活动

某州州级机关、企事业单位,参加此次公开开庭审理此案的各级领导干部达到 300 多人,可想而知,此案所起到对各级领导干部清正廉洁警示教育的震慑作用,如图 6-6 所示。

图 6-6　参加庭审的各级领导干部

某州中级人民法院

刑 事 判 决 书

(20××)×26刑初39号

××司法鉴定所出具的鉴字(2018)第008号司法会计鉴定意见书,鉴定意见为通过对某中医医院的财务状况进行实证分析,认为不需要面向社会对外举债高资金成本的债务。关于被告人及辩护人提出对司法会计鉴定意见第一项即"某中医医院不需要面向社会对外举借高资金成本的债务"不予认可的辩解及辩护意见。

6.3 某R公司以投资项目方式非法集资的司法会计鉴定

1. 基本情况

委托人:某州公安局。

委托鉴定事项:对某公司涉嫌非法吸收公众存款案进行司法会计鉴定。

受理日期:2016年9月8日。

鉴定材料:2016年9月8日提供如下鉴定材料清单。

(1)会计凭证21本,其中1本未装订成册。

(2)日记账6本,其中:现金日记账3本,银行存款日记账3本。

(3)卷宗22卷。

(4)网安从电脑主机提取的2013—2015年某公司电子账套。

鉴定日期:2016年9月8日至2016年10月8日。

鉴定地点:某司法鉴定所办公室。

鉴定人:陈×怀、陈×启、杨×岚。

被鉴定人:蒋×。

2. 检案摘要

被鉴定人某公司法定代表人蒋×擅自吸收社会公众投资人(以下简称投资人)资金涉案,本所接受某州公安局的聘请进行司法会计鉴定。

(1)被鉴定人蒋×在担任公司法定代表人期间,在未取得国家主管机关的特许的条件下,擅自吸收投资人的资金,以投资项目为由吸收资金从事投、融资业务。在经营中资金链断裂,缺乏偿还投资人本息能力,并给投资人造成巨大损失。

(2)被鉴定人蒋×虽然按法人主体设立会计机构、配置相关财会人员,但是未按会计准则进行会计核算和编制公司财务报告。因此,除原银行日记账、现金日记账外,缺少纸质的总账、明细账、财务报告。鉴定机构和鉴定专业人员实施鉴定程序受到一定限制,根据委托方提供电子账套上的数据记录分析、与相关的原始凭证相互核对验证,对被鉴定人蒋×涉案金额作出具体的司法会计鉴定。

(3)本所在对被鉴定人蒋×案的司法会计鉴定过程中,缺乏部分必要的财务资料,某公司的实际控制人张×置身于企业之上,向社会公众吸收的资金不是投资在项目上,而是擅自将资金转到个人卡上,经营与公司投资项目无关的业务,导致缺乏部分原始凭证无法核对、验证一致。

3. 鉴定过程

(1)熟悉案情:由本所鉴定负责人经过初步了解案情,与主管机关沟通鉴定事宜。同时评估本所鉴定专业胜任能力,决定是否接受委托。

(2)接受某州公安局文公(经)鉴聘字〔2016〕1号鉴定聘请书,并进行鉴定材料的交接。

(3)本所指派司法鉴定人、中国注册会计师卢×作为本次鉴定技术总负责人,以会计师、高级会计师作为鉴定专业技术人员组成的工作团队具体开展鉴定工作。

(4)根据委托方提供的鉴定材料、特定的鉴定目的,遵循公认的鉴定原则,按照严谨的鉴定程序,运用会计、审计等科学原理,采用证据链接法、系统分析法、因素排除法等方法,在认真分析研究检查验证鉴定材料的基础上,对被鉴定人某公司蒋×的涉案金额进行司法会计鉴定。

由于本案涉案金额较大、持续时间较长、涉及较多的投资人,区域分布面以某州本地为主,还涉及省外;鉴定资料不齐全,部分原始凭证缺少,司法会计鉴定工作进行困难。经过多次研究、反复讨论,制定了一套科学、严谨、实用的鉴定方案。

4. 分析说明

经过本所司法鉴定专业人员实施必要的鉴定程序,在鉴定工作中通过对鉴定材料的检验、核对、甄别、查证、排除等技术处理,将鉴定情况分析说明如下。

(1) 张×海融资项目

该项目资金来源与去向主要通过蒋×N行19277账户,资金来源与去向主要是向社会实际融资数额5 620 000.00元,实际融资涉及61人,项目退款3 620 000.00元,未退投资人47人本金2 000 000.00元。

(2) 许×发项目

该项目资金来源与去向主要通过蒋×N行19277账户6 290 000.00元,代×东671462账户1 940 000.00元。项目实际融资涉及101名投资人,向社会实际融资金额8 230 000.00元,项目人员借款金额600 000元,项目人员实际退还169 867.20元,项目方欠本金430 132.80元。项目方已退还投资者93人的款项6 830 000.00元。未退投资人本金1 400 000.00元。项目收到利息159 000.00元。

(3) 某市房地产项目

该项目资金来源与去向主要通过夏×竺92845账户。项目实际融资涉及92名投资人,向社会实际融资金额7 170 000.00元,项目人员借款金额2 150 000.00元,项目人员实际退还1 000 000.00元,项目方欠本金1 150 000.00元。项目方已退还投资者26人的款项1 610 000.00元。未退投资人本金5 560 000.00元。项目收到利息102 281.00元。

(4) 周×友项目

该项目资金来源与去向主要通过周×友70869账户。项目实际融资涉及28个投资人,向社会实际融资金额3 540 000.00元,项目人员借款金额

1 050 000.00元,项目人员实际退还1 600 000.00元,项目方欠本金550 000.00元。项目方已退还投资者26人的款项50 000.00元。未退投资人本金3 490 000.00元,项目收到利息36 550.00元。

(5)皮×春项目

该项目资金来源与去向主要通过蒋×N行19277账户。项目实际融资涉及15名投资人,向社会实际融资金额990 000.00元,项目人员借款金额400 000.00元,项目方欠本金400 000.00元。项目方已退还投资者6人的款项490 000.00元,未退投资人本金500 000.00元,项目收到利息122 608.30元。

(6)马×瑶项目

该项目资金来源与去向主要通过蒋×N行19277账户。项目实际融资涉及16个投资人,向社会实际融资金额990 000.00元,项目人员借款金额300 000.00元,项目人员实际退还300 000.00元。项目方已退还投资者16人的款项990 000元,项目收到利息63 000.00元。

(7)李×项目

该项目资金来源与去向主要通过蒋×68275账户2 420 000.00元,蒋×N行19277账户500 000.00元。项目实际融资涉及36名投资人,向社会实际融资金额2 920 000.00元,项目人员借款金额500 000.00元,项目人员实际退还30 000.00元,项目方欠本金470 000.00元。项目方已退还投资者15人的款项1 770 000.00元。未退投资人本金1 150 000.00元,项目收到利息118 200.00元。

(8)吴×海项目

该项目资金来源与去向主要通过蒋×N行19277账户。项目实际融资涉及2个投资人,向社会实际融资金额180 000.00元,项目人员借款金额100 000.00元,项目人员实际退还100 000.00元。项目方已退还投资者1人的款项80 000.00元。未退投资人本金100 000.00元。项目收到利息12 000.00元。

(9)已退投资人本金

项目退款18 858 285.00元,其中:核实一致项目退款15 440 000.00元;无法核实项目退款3 418 285.00元。

(10)利息收益

项目收到利息1 531 250.85元,其中:项目收到利息613 639.39元;无法核实项目利息917 611.55元。

依据鉴定材料,经过大量的查证和使用适合本次鉴定的科学方法计算得出本案向社会实际融资涉案资金总额为2 964万元,已退投资人本金1 885.83万元,其中:核实一致项目退款1 544万元;无法核实项目退款341.83万元。未退还投资人本金1 078.17万元。项目收到利息153万元,其中:项目收到利息61万元;无法核实项目利息92万元。

5. 鉴定意见

依据上述鉴定情况进行分析,客观、合理地鉴定涉案资金数额,分别对不同情况提出鉴定意见。

1. 涉案本金

(1)某公司法定代表人蒋×向社会实际融资金额2 964万元。已退投资人本金1 885.83万元,其中:核实一致项目退款1 544万元;无法核实项目退款341.83万元,未退还投资人本金1 078.17万元。

(2)项目人员借款金额510万元,项目人员实际退款320万元,项目方欠本金190万元。

2. 涉案利息

利息收益153万元,其中:项目收到利息61万元,无法核实项目利息92万元。

资料来源:①《法治博览》2020年6月刊(上),②《中国注册会计师》2022年6月刊总第277期。

第7章 农村易地搬迁项目专项资金审计

7.1 易地搬迁资金项目置换审计

1. 某县易地搬迁资金项目的总体情况

(1) 全县的情况

某县农村易地搬迁项目建设管理中心,向全县 22 个安置点拨付资金共计 222 776 959 元,退回该县农村易地搬迁项目建设管理中心 2 910 000 元,实际拨付资金 219 866 959 元,根据 31 号、422 号文件,全县 16 个安置点应拨付资金标准为 123 501 350 元(另外的 6 个安置点已不符合易地安置标准),超出标准的资金 96 365 609 元应退回原渠道。

22 个安置点共支出资金 193 963 512 元,需继续使用资金 5 176 929.10 元,余额 20 726 517.90 元。

地方政府需筹集资金 75 639 091.10 元,加上 22 个安置点的资金余额 20 726 517.90 元,合计 96 365 609 元退回原渠道。

(2) 相关单位

某县农村易地搬迁项目建设管理中心向相关单位拨款 58 275 200.85 元,其中符合使用标准的款项 43 913 000 元,不符合使用标准的款项 14 362 200.85 元。不符合使用标准的款项应当由县级地方政府承担。

2. 各乡镇情况

(1) AY 乡

某县农村易地搬迁项目建设管理中心拨付给 AY 乡的 X 安置点资金 10 914 900 元,退回某县农村易地搬迁项目建设管理中心 870 000 元,实际拨付资金10 044 900元,根据31号、422号文件,AY乡X安置点应拨付资金标准为6 048 400元,超出标准的资金3 996 500元应退回原渠道。

AY乡X安置点支出资金10 608 000元,用超563 100元。

地方政府需筹集资金4 559 600元,弥补用超过的资金563 100元,余额3 996 500元退回原渠道。

(2)BL乡

某县农村易地搬迁项目建设管理中心拨付给BL乡M、N两个安置点资金10 604 200元,根据31号、422号文件,二安置点应拨付资金标准为7 184 700元,超出标准的资金3 419 500元应退回原渠道。

两个安置点支出资金10 132 000元,余额472 200元。

地方政府需筹集资金2 947 300元,加上资金余额472 200元,合计3 419 500元退回原渠道。

(3)BY镇

某县农村易地搬迁项目建设管理中心向BY镇的O安置点拨付资金21 572 436元,根据31号、422号文件,BY镇的O安置点应拨付资金标准为12 375 150元,超出标准的资金9 197 286元应退回原渠道。

BY镇O安置点支出资金19 913 699.61元,余额1 658 736.39元。

地方政府需筹集资金7 538 549.61元,加上资金余额1 658 736.39元,合计9 197 286元退回原渠道。

(4)DB乡

某县农村易地搬迁项目建设管理中心向DB乡E、F的两个安置点拨付资金34 884 400元,根据31号、422号文件,安置点应拨付资金标准为21 813 400元,超出标准的资金13 071 000元应退回原渠道。

安置点支出资金32 644 372.74元,余额2 240 027.26元。

地方政府需筹集资金10 830 972.74元,加上资金余额2 240 027.26元,合计13 071 000元退回原渠道。

(5) GL 乡

某县农村易地搬迁项目建设管理中心拨付给 GL 乡的 H、I、J、K 四个安置点的资金 19 244 200 元,根据 31 号、422 号文件,GL 乡其中一个安置点(另外三个安置点已不符合易地安置标准)应拨付资金标准为 4 328 800 元,包括三个安置点超出标准的资金 14 915 400 元应退回原渠道。

这四个安置点共支出资金 14 911 617.64 元,余额 4 332 582.36 元。

地方政府需筹集资金 10 582 817.64 元,加上资金余额 4 332 582.36 元,合计 14 915 400 元退回原渠道。

(6) GC 镇

某县农村易地搬迁项目建设管理中心拨付给 GC 镇 Z、L 两个安置点的资金 9 169 600 元,根据 31 号、422 号文件,GC 镇安置点应拨付资金标准为 7 857 900 元,超出标准的资金 1 311 700 元应退回原渠道。

GC 镇两个安置点支出资金 3 543 400 元,需继续使用 4 314 500 元,余额 1 311 700 元。

资金余额 1 311 700 元退回原渠道。

(7) HJ 乡

某县农村易地搬迁项目建设管理中心向 HJ 乡 U、D 安置点拨付资金 24 649 400 元,根据 31 号、422 号文件,安置点应拨付资金标准为 21 626 600 元,超出标准的资金 3 022 800 元应退回原渠道。

HJ 乡安置点支出资金 22 622 660 元,需继续使用 87 500 元,余额 1 939 240 元。

地方政府需筹集资金 1 083 560 元,加上资金余额 1 939 240 元,合计 3 022 800 元退回原渠道。

(8) LD 镇

某县农村易地搬迁项目建设管理中心向 LD 镇 B、A 安置点拨付资金 6 861 525 元,根据 31 号、422 号文件,LD 镇安置点应拨付资金标准为 5 129 050

元,超出标准的资金 1 732 475 元(一安置点应退回 1 930 929 元、另一安置点需追加 198 450 元)应退回原渠道。

LD 镇安置点支出资金 5 669 093.88 元,需继续使用 774 929.10 元,余额 417 502.02 元。

地方政府需筹集资金 1 314 972.98 元,加上资金余额 417 502.02 元,合计 1 732 475元(一地安置点应退还 1 930 929 元、另一地安置点需追加 198 450 元)退回原渠道。

(9) MY 镇

某县农村易地扶贫搬迁项目建设管理中心向 MY 镇 P 安置点拨付资金 3 603 798 元,退回某县农村易地搬迁项目建设管理中心 210 000 元,实际拨付资金 3 393 798 元,根据 31 号、422 号文件,MY 镇 P 安置点已不符合易地安置标准,拨付资金 3 393 798 元应全数退回原渠道。

MY 镇 P 安置点支出资金 3 189 600 元,余额 204 198 元。

地方政府需筹集资金 3 189 600 元,加上资金余额 204 198 元,合计 3 393 798 元退回原渠道。

(10) NN 乡

某县农村易地搬迁项目建设管理中心向 NN 乡 Q 安置点拨付资金 31 049 500元,根据 31 号、422 号文件,NN 乡安置点应拨付资金标准为 17 711 000 元,超出标准的资金 13 338 500 元应退回原渠道。

NN 乡安置点支出资金 24 803 058.45 元,余额 6 246 441.55 元。

地方政府需筹集资金 7 092 058.45 元,加上资金余额 6 246 441.55 元,合计13 338 500元退回原渠道。

(11) TP 镇

某县农村易地搬迁项目建设管理中心向 TP 镇 R 安置点拨付资金 11 013 000元,根据 31 号、422 号文件,TP 镇安置点已不符合易地安置标准,拨付资金 11 013 000 元应全数退回原渠道。

TP 镇安置点支出资金 10 671 160 元,余额 341 840 元。

地方政府需筹集资金 10 671 160 元,加上资金余额 341 840 元,合计 11 013 000 元退回原渠道。

(12) XH 镇

某县农村易地搬迁项目建设管理中心向 XH 镇 S 湾、T 弄的两个安置点拨付资金 10 304 400 元,退回某县农村易地搬迁项目建设管理中心 1 830 000 元,实际拨付资金 8 474 400 元,根据 31 号、422 号文件,XH 镇 S 湾安置点(T 弄安置点已不符合易地安置标准)应拨付资金标准为 4 550 550 元,包括 T 弄安置点超出标准的资金 3 923 850 元(S 湾安置点需追加 1 305 350 元、T 弄安置点应退回 5 229 200 元)应退回原渠道。

S 湾、T 弄的两个安置点支出资金 9 589 563.78 元,用超 1 115 163.78 元。

地方政府需筹集资金 5 039 013.78 元,弥补用超过的资金 1 115 163.78 元,余额 3 923 850 元退回原渠道。

(13) ZS 乡

某县农村易地搬迁项目建设管理中心向 ZS 乡 C 安置点拨付资金 28 905 600 元,根据 31 号、422 号文件,ZS 乡 C 安置点应拨付资金标准为 14 875 800 元,超出标准的资金 14 029 800 元应退回原渠道。

ZS 乡安置点支出资金 25 665 285.90 元,余额 3 240 314.10 元。

地方政府需筹集资金 10 789 485.90 元,加上资金余额 3 240 314.10 元,合计 14 029 800 元退回原渠道。

3. 易地搬迁资金收支活动情况

(1) 易地搬迁各账户资金收入

易地搬迁各账户收到上级拨入的资金为 21 011.05 万元,其中:地方政府债券资金 4119.05 万元;专项建设基金 2111.50 万元;中长期贷款 14 780.50 万元。

(2)易地搬迁各账户资金支出

易地搬迁各账户的资金支出共6386.58万元。

①2016年8月25日,拨付易地搬迁前期工作经费599.20万元。

②2017年7月28日,转赔还易地搬迁贷款1311.48万元。

③2017年8月1日,按照资金整改要求已退赔还省公司608.40万元。

④2017年7月28日,还易地搬迁项目贷款3867.50万元。

(3)易地搬迁各账户的资金结余

易地搬迁各账户的资金结余15 735.25万元。

4. NF行项目贷款的资金收支使用情况

2015年10月,某园区投资开发有限责任公司向NF行贷款3亿元,拨付给该县农村易地搬迁项目建设管理中心,再由该县农村易地搬迁项目建设管理中心,将这笔资金部分款项转拨付给13乡镇财政所22个项目点,其中包括不符合易地搬迁项目政策被剔除掉的6个项目点。

(1)核对凭证明细与收支活动情况

依据专业人员对某县农村易地搬迁项目建设管理中心拨付的资金与全县13乡镇、22个项目点实际收到的资金,从原始凭证记录、电子账套上获取的数据及资金收支活动台账核对一致。各乡镇财政所的明细账上记录NF行项目贷款的收支活动情况如表7-1所示。

表7-1 NF行项目贷款的收支活动情况表

单位:元

乡镇	项目	类别	收入	支出	余额
AY乡	X	NF行项目贷款	10 706 900.00	-10 450 000.00	256 900.00
BL乡	M	NF行项目贷款	7 474 000.00	-7 049 000.00	425 000.00
	N	NF行项目贷款	2 922 200.00	-2 875 000.00	47 200.00
BY镇	O	NF行项目贷款	20 886 036.00	-19 191 299.61	1 694 736.39

续表

乡镇	项目	类别	收入	支出	余额
DB 乡	E	NF 行项目贷款	20 618 000.00	-19 322 058.08	1 295 941.92
	F	NF 行项目贷款	10 925 000.00	-12 199 114.66	-1 274 114.66
GL 乡	H	NF 行项目贷款	4 635 000.00	-4 177 750.64	457 249.36
	I	NF 行项目贷款	6 535 000.00	-3 514 667.00	3 020 333.00
	J	NF 行项目贷款	3 655 000.00	-3 205 000.00	450 000.00
	K	NF 行项目贷款	3 715 000.00	-3 515 000.00	200 000.00
GC 镇	Z	NF 行项目贷款	1 020 000.00	-1 020 000.00	0.00
	L	NF 行项目贷款	1 680 000.00	-1 680 000.00	0.00
HJ 乡	U	NF 行项目贷款	11 790 360.00	-10 905 000.00	885 360.00
	D	NF 行项目贷款	11 839 840.00	-10 698 460.00	1 141 380.00
LD 镇	B	NF 行项目贷款	5 612 725.00	-4 996 772.98	615 952.02
	A	NF 行项目贷款	1 020 000.00	-443 520.90	576 479.10
MY 镇	P	NF 行项目贷款	2 940 000.00	-2 940 000.00	0.00
NN 乡	Q	NF 行项目贷款	30 055 500.00	-23 763 058.45	6 292 441.55
TP 镇	R	NF 行项目贷款	10 555 400.00	-10 213 560.00	341 840.00
XH 镇	S 湾	NF 行项目贷款	4 470 000.00	-4 353 823.78	116 176.22
	T 弄	NF 行项目贷款	5 148 000.00	-4 549 340.00	598 660.00
ZS 乡	C	NF 行项目贷款	25 067 800.00	-23 273 485.90	1 794 314.10
		合计	203 271 761.00	-184 335 912.00	18 935 849.00

为了直观分析 NF 行项目贷款资金的收支活动情况,将表 7-1 制成图 7-1。

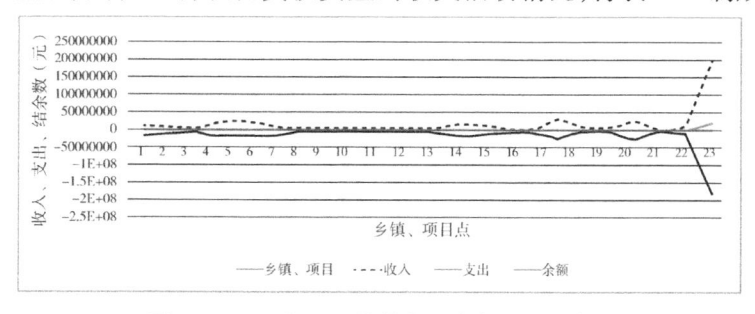

图 7-1 NF 行项目贷款资金的收支使用情况

上述本应由地方政府债券、专项建设基金、中长期贷款三项资金支出的，而先用农发行项目贷款垫付支出，由于易地搬迁项目专项资金政策较强，规定的项目、配套的资金性质、用途较为特殊，必须专门管理，坚持"专款专用"的原则。因此，必须进行资金置换账务调整，以适应上级主管机关(部门)对资金使用的监督和检查。

(2)专项资金与NF行项目贷款的置换

各乡镇专项资金与NF行项目贷款的置换，主要以乡镇财政所明细账上的NF行项目贷款支出调整为地方政府债券、专项建设基金、中长期贷款支出，在项目支出的明细科目之间进行调整。特别需要强调的是，由于是事后调整，在技术操作上无法做到，NF行项目贷款与地方政府债券、专项建设基金、中长期贷款三个明细科目一一对应。但是，置换数据是一致的。鉴于各乡镇财政所的账以本专项审计报告调整的数据为准。

调增：项目支出(专项资金支出)　　193 963 512.00
　　　—基础设施建设　　　　　　117 165 543.78
　　　—建房补助　　　　　　　　 15 971 600.00
　　　—建房转贷　　　　　　　　 53 509 123.52
　　　—其他费用支出　　　　　　 7 317 244.70

如表7-2、表7-3所示。

表7-2　专项资金与农发行项目贷款的置换表(一)

单位：元

序号	乡镇	项目点	基础设施建设	建房补助	建房转贷	其他费用支出
1	AY乡	X	5 800 000.00	768 000.00	3 240 000.00	800 000.00
2	BL乡	M	4 675 000.00	375 000.00	1 984 800.00	139 000.00
3		N	1 660 000.00	323 200.00	960 000.00	15 000.00
4	BY镇	O	3 000 000.00	1 673 400.00	13 462 463.52	1 777 836.09
5	DB乡	E	12 096 184.75	3 423 200.00	4 120 000.00	805 873.33
6		F	10 508 361.61	0	1 440 000.00	250 753.05

续表

序号	乡镇	项目点	基础设施建设	建房补助	建房转贷	其他费用支出
7	GL 乡	H	1 890 750.64	353 600.00	2 287 000.00	0
8	GC 镇	Z	0	677 000.00	1 020 000.00	0
9		L	0	166 400.00	1 680 000.00	0
10	HJ 乡	U	8 720 000.00	717 400.00	2 000 000.00	50 000.00
11		D	8 770 000.00	436 800.00	1 878 460.00	50 000.00
12	LD 镇	B	2 521 772.98	449 000.00	2 130 000.00	0
13		A	23 520.90	124 800.00	420 000.00	0
14	NN 乡	Q	20 800 000.00	2 948 000.00	0	1 055 058.45
15	XH 镇	S 湾	805 200.00	0	2 250 000.00	1 693 823.78
16	ZS 乡	C	13 493 585.90	2 391 800.00	9 300 000.00	479 900.00
	小计	16 个安置点	94 764 376.78	14 827 600.00	48 172 723.52	7 117 244.70
17		J	2 560 000.00	41 600.00	645 000.00	0
18	GL 乡	K	3 090 000.00	104 000.00	425 000.00	0
19		I	1 789 667.00	0	1 725 000.00	0
20	MY 镇	P	2 940 000.00	249 600.00	0	0
21	TP 镇	R	9 706 500.00	457 600.00	507 060.00	0
22	XH 镇	T 弄	2 315 000.00	291 200.00	2 034 340.00	200 000.00
	小计	6 个安置点	22 401 167.00	1 144 000.00	5 336 400.00	200 000.00
	合计	22 个安置点	117 165 543.78	15 971 600.00	53 509 123.52	7 317 244.70

调减:NF 行项目贷款　　　　184 335 912.00

　　　地方政府债券资金　　　　9 627 600.00

合计:　　　　　　　　　　　193 963 512.00

表 7-3　专项资金与 NF 行项目贷款的置换表(二)

单位:元

序号	乡镇	项目点	NF 行项目贷款	地方政府债券资金
1	AY 乡	X	10 450 000.00	158 000.00
2	BL 乡	M	7 049 000.00	124 800.00
3		N	2 875 000.00	83 200.00

续表

序号	乡镇	项目点	NF行项目贷款	地方政府债券资金
4	BY 镇	O	19 191 299.61	722 400.00
5	DB 乡	E	19 322 058.08	1 123 200.00
6		F	12 199 114.66	
7	GL 乡	H	4 177 750.64	353 600.00
8	GC 镇	Z	1 020 000.00	677 000.00
9		L	1 680 000.00	166 400.00
10	HJ 乡	U	10 905 000.00	582 400.00
11		D	10 698 460.00	436 800.00
12	LD 镇	B	4 996 772.98	104 000.00
13		A	443 520.90	124 800.00
14	NN 乡	Q	23 763 058.45	1 040 000.00
15	XH 镇	S 湾	4 353 823.78	395 200.00
16	ZS 乡	C	23 273 485.90	2 391 800.00
	小计	16 个安置点	156 398 345.00	8 483 600.00
17	GL 乡	J	3 205 000.00	41 600.00
18		K	3 515 000.00	104 000.00
19		I	3 514 667.00	
20	MY 镇	P	2 940 000.00	249 600.00
21	TP 镇	R	10 213 560.00	457 600.00
22	XH 镇	T 弄	4 549 340.00	291 200.00
	小计	6 个安置点	27 937 567.00	1 144 000.00
	合计	22 个安置点	184 335 912.00	9 627 600.00

本审计报告的内容具体体现在 13 个乡镇 22 个(包括剔除的 3 个乡镇 6 个项目点)安置点的在建工程。例如,AY 乡的参考财务会计调账业务;增加在建工程——AY 乡 – X 搬迁点。

公建、基建(基础设施建设)5 800 000.00 元;

公建、基建(建房补助-国家低成本长期贷款)768 000.00元;

公建、基建(建房转贷-国家低成本长期贷款)3 240 000.00元;

公建、基建(地方政府债券资金)0元;

公建、基建(专项建设基金)0元(注:某县农村易地搬迁项目建设管理中心未拨付专项建设基金给各乡镇);

公建、基建(其他费用性的支出——国家低成本长期贷款)800 000.00元(注:其他乡镇会计财务调账分录同上)。

通过对置换资金的审计,同时增加在建工程,便于转入县级平台公司后,形成固定资产,在移交资产时具体按各乡镇项目点支出表的数据进行实务操作即可。

7.2 乡镇项目点投入资金具体支出情况

在审计各乡镇安置点的具体支出中,重点是基础设施及配套支出金额、建房补助金额、旧房拆除奖励支出、建房转贷支出。

1. 全县总的投入项目资金支出情况

22个安置点共支出资金193 963 512.00元,其中:基础设施建设支出117 165 543.78元,建房补助支出15 971 600.00元,建房转贷支出53 509 123.52元,其他支出7 317 244.70元。

2. 分乡镇的投入项目资金支出情况

(1) AY乡X安置点

支出资金10 608 000.00元,其中:基础设施建设支出5 800 000.00元,建房补助支出768 000.00元,建房转贷支出3 240 000.00元,其他支出800 000.00元。

(2) BL乡M安置点

支出资金7 173 800.00元,其中:基础设施建设支出4 675 000.00元,建房补助支出375 000.00元,建房转贷支出1 984 800.00元,其他支出139 000.00元。

(3)BL 乡 N 安置点

支出资金 2 958 200.00 元,其中:基础设施建设支出 1 660 000.00 元,建房补助支出 323 200.00 元,建房转贷支出 960 000.00 元,其他支出 15 000.00 元。

(4)BY 镇 O 安置点

支出资金 19 913 699.61 元,其中:基础设施建设支出 3 000 000.00 元,建房补助支出 1 673 400.00 元,建房转贷支出 13 462 463.52 元,其他支出 1 777 836.09 元。

(5)DB 乡 E 安置点

支出资金 20 445 258.08 元,其中:基础设施建设支出 12 096 184.75 元,建房补助支出 3 423 200.00 元,建房转贷支出 4 120 000.00 元,其他支出 805 873.33 元。

(6)DB 乡 F 安置点

支出资金 12 199 114.66 元,其中:基础设施建设支出 10 508 361.61 元,建房补助支出 0 元,建房转贷支出 1 440 000.00 元,其他支出 250 753.05 元。

(7)GL 乡 H 安置点

支出资金 4 531 350.64 元,其中:基础设施建设支出 1 890 750.64 元,建房补助支出 353 600.00 元,建房转贷支出 2 287 000.00 元,其他支出 0 元。

(8)GC 镇 Z 安置点

支出资金 1 697 000.00 元,其中:基础设施建设支出 0 元,建房补助支出 677 000.00 元,建房转贷支出 1 020 000.00 元,其他支出 0 元。

(9)GC 镇 L 安置点

支出资金 1 846 400.00 元,其中:基础设施建设支出 0 元,建房补助支出 166 400.00 元,建房转贷支出 1 680 000.00 元,其他支出 0 元。

(10)HJ 乡 U 安置点

支出资金 11 487 400.00 元,其中:基础设施建设支出 8 720 000.00 元,建房补助支出 717 400.00 元,建房转贷支出 2 000 000.00 元,其他支出 50 000.00 元。

(11)HJ 乡 D 安置点

支出资金 11 135 260.00 元,其中:基础设施建设支出 8 770 000.00 元,建房补助支出 436 800.00 元,建房转贷支出 1 878 460.00 元,其他支出 50 000.00 元。

第7章 农村易地搬迁项目专项资金审计

(12)LD镇B安置点

支出资金5 100 772.98元,其中:基础设施建设支出2 521 772.98元,建房补助支出449 000.00元,建房转贷支出2 130 000.00元,其他支出0元。

(13)LD镇A安置点

支出资金568 320.90元,其中:基础设施建设支出23 520.90元,建房补助支出124 800.00元,建房转贷支出420 000.00元,其他支出0元。

(14)NN乡Q安置点

支出资金24 803 058.45元,其中:基础设施建设支出20 800 000.00元,建房补助支出2 948 000.00元,建房转贷支出0元,其他支出1 055 058.45元。

(15)XH镇S湾安置点

支出资金4 749 023.78元,其中:基础设施建设支出805 200.00元,建房补助支出0元,建房转贷支出2 250 000.00元,其他支出1 693 823.78元。

(16)ZS乡C安置点

支出资金25 665 285.90元,其中:基础设施建设支出13 493 585.90元,建房补助支出2 391 800.00元,建房转贷支出9 300 000.00元,其他支出479 900.00元。

以上16个安置点共支出资金164 881 945.00元,其中:基础设施建设支出94 764 376.78元,建房补助支出14 827 600.00元,建房转贷支出48 172 723.52元,其他支出7 117 244.70元。

(17)GL乡J安置点

支出资金3 246 600.00元,其中:基础设施建设支出2 560 000.00元,建房补助支出41 600.00元,建房转贷支出645 000.00元,其他支出0元。

(18)GL乡K安置点

支出资金3 619 000.00元,其中:基础设施建设支出3 090 000.00元,建房补助支出104 000.00元,建房转贷支出425 000.00元,其他支出0元。

(19)GL乡I安置点

支出资金3 514 667.00元,其中:基础设施建设支出1 789 667.00元,建房补助支出0元,建房转贷支出1 725 000.00元,其他支出0元。

(20) MY 镇 P 安置点

支出资金 3 189 600.00 元,其中:基础设施建设支出 2 940 000.00 元,建房补助支出 249 600.00 元,建房转贷支出 0 元,其他支出 0 元。

(21) TP 镇 R 安置点

支出资金 10 671 160.00 元,其中:基础设施建设支出 9 706 500.00 元,建房补助支出 457 600.00 元,建房转贷支出 507 060.00 元,其他支出 0 元。

(22) XH 镇 T 弄安置点

支出资金 4 840 540.00 元,其中:基础设施建设支出 2 315 000.00 元,建房补助支出 291 200.00 元,建房转贷支出 2 034 340.00 元,其他支出 200 000.00 元。

以上 6 个安置点共支出资金 29 081 567.00 元,其中:基础设施建设支出 22 401 167.00 元,建房补助支出 1 144 000.00 元,建房转贷支出 5 336 400.00 元,其他支出 200 000.00 元。

为了全面直观反映全县乡镇项目点的资金使用情况,见表 7-4。

表 7-4 各乡镇项目点支出表

单位:元

序号	乡镇	项目点	基础设施建设	建房补助	建房转贷	其他费用性的	合计
1	AY 乡	X	5.800.000.00	768 000.00	3 240 000.00	800.000.00	10 608.000.00
2	BL 乡	M	4.675.000.00	375 000.00	1984 800.00	139 000.00	7 173 800.00
3		N	1 660 000.00	323 200.00	960 000.00	15 000.00	2 958 200.00
4	BY 镇	O	3 000 000.00	1 673 400.00	13 462 463.52	1 777 836.09	19 913 699.61
5	DB 乡	E	12 096 184.75	3 423 200.00	4 120 000.00	805 873 33	20 445 258.08
6		F	10 508 361.61	0	1 440 000.00	250 753.05	12 199 114.66
7	GL 乡	H	1 890 750.64	353 600.00	2 287 000.00	0	4 531 350.64
8		J	2 560 000.00	41 600.00	645 000.00	0	3 246 600.00
9		K	3 090 000.00	104 000.00	425 000.00	0	3 619 000.00
10		I	1 789 667.00	0	1 725 000.00	0	3 514 667.00

续表

序号	乡镇	项目点	基础设施建设	建房补助	建房转贷	其他费用性的	合计
11	GC 镇	Z	0	677 000.00	1 020 000.00	0	1 697 000.00
12		L	0	166 400.00	1 680 000.00	0	1 846 400.00
13	HJ 乡	U	8 720 000.00	717 400.00	2 000 000.00	50 000.00	11 487 400.00
14		D	8 770 000.00	436 800.00	1 878 460.00	50 000.00	11 135 260.00
15	LD 镇	B	2 521 772.98	449 000.00	2 130 000.00	0	5 100 772.98
16		A	23 520.90	124 800.00	420 000.00	0	568 320.90
17	NN 乡	Q	20 800 000.00	2 948 000.00	0	1 055 058.45	24 803 058.45
18	XH 镇	S 湾	805 200.00	0	2 250 000.00	1 693 823.78	4 749 023.78
19		T 弄	2 315 000.00	291 200.00	2 034 340.00	200 000.00	4 840 540.00
20	ZS 乡	C	13 493 585.90	2 391 800.00	9 300 000.00	479 900.00	25 665 285.90
21	MY 镇	P	2 940 000.00	249 600.00	0	0	3 189 600.00
22	TP 镇	R	9 706 500.00	457 600.00	507 060.00	0	10 671 160.00
合计	13	16	117 165 543.78	15 971 600.00	53 509 123.52	7 317 244.70	193 963 512.00

各乡镇项目的基础设施建设资金 117 165 543.78 元、建房转贷资金 53 509 123.52 元,两列为形成资产共计 170 674 667.30 元资本化;启动金、代理、监理费、管理费、保证金等其他支出 7 317 244.70 元费用化,而建房补助 15 971 600.00 元,第三方审计认为不应当形成资产,该县可根据实际情况酌情考虑是否资本化。

3. 档卡户建房补助按新标准(422)资金补助、使用的合法性

全县安置 13 个乡镇,16 个项目点。总户数 760 户,总人数 3386 人。其中:建档立卡贫困户数 3341 户,人口 1499 人;同步搬迁户户数 426 户,人口 1887 人。依托就近行政村和小城镇进行建设,2016—2017 年总共安排的专项资金为 13 981.73 万元。其中:建档立卡搬迁对象资金(新政策)8656.73 万元,同步搬迁户资金 5325.00 万元。

(1) 建档立卡搬迁对象资金政策执行情况 8656.73 万元

①建档立卡建房补助 2998.00 万元;按 0.8 万元/人的补助标准,中央预算资金支出 1199.20 万元;按 1.2 万元/人的补助标准,国家低成本长期贷款支出 1798.80 万元。

②建档立卡旧房拆除奖励 899.40 万元;按 0.6 万元/人的补助标准,国家低成本长期贷款支出 899.40 万元。

③基础设施配套资金 4759.33 万元;按 0.975 万元/人的补助标准,地方政府债支出 1461.53 万元;按 0.5 万元/人的补助标准,专项建设基金支出 749.50 万元;按 1.7 万元/人的补助标准,国家低成本长期贷款 2548.30 万元。

(2) 同步搬迁户资金政策执行情况 5325.00 万元

①同步搬迁户建房补助 639.00 万元;按 1.015 万元/户的补助标准,危房改造资金支出 432.39 万元;按 0.485 万元/户的补助标准,农发行贷款资金支出 206.61 万元。

②建房转贷资金 2556.00 万元;按不超过 6 万元/户的补助标准,农发行贷款支出 2556.00 万元。

③基础设施配套 2130.00 万元。按不超过 5 万元/户的补助标准,农发行贷款支出 2130.00 万元。

具体建档立卡户专项建设资金按新标准(422)使用情况,如图 7-2 所示。

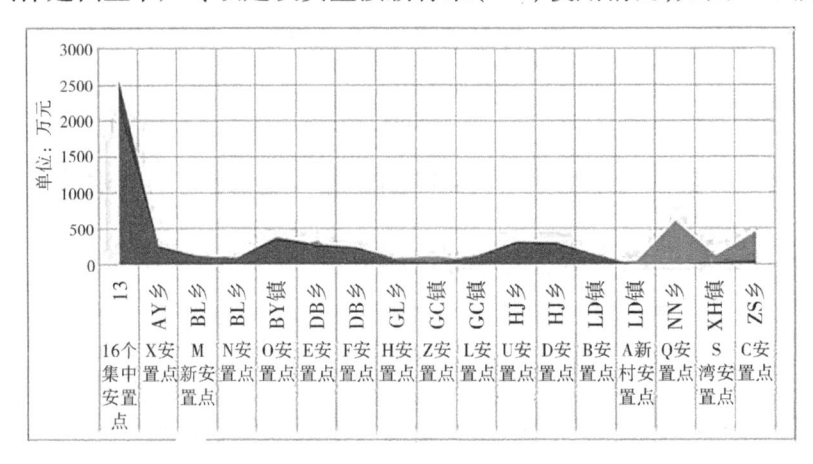

图 7-2 某县 13 个乡镇 16 个项目点专项建设资金的使用情况

对农村建档立卡户建房补助按新标准的审计,资金是按时足额补助发放到乡镇、项目点、农户。

4. 建房拆除奖励支出

各项目点建档卡建房拆迁奖励支出情况如表 7-5 所示。

表 7-5 各项目点建档立卡建房拆迁奖励支出情况

序号	乡镇	项目点	建房拆除奖励支出/元
1	AY 乡	X 安置点	120 000.00
2	BL 乡	M 安置点	282 000.00
3		N 安置点	72 000.00
4	BY 镇	O 安置点	606 000.00
5	DB 乡	E 安置点	1 176 000.00
6		F 安置点	222 000.00
7	GL 乡	H 安置点	342 000.00
8	GC 镇	Z 安置点	414 000.00
9		L 安置点	132 000.00
10	HJ 乡	U 安置点	648 000.00
11		D 安置点	492 000.00
12	LD 镇	B 安置点	138 000.00
13		A 安置点	162 000.00
14	NN 乡	Q 安置点	2 136 000.00
15	XH 镇	S 湾安置点	438 000.00
16	ZS 乡	C 安置点	1 614 000.00
	合计		8 994 000.00

以上数据是依据新政策建档立卡建房拆除奖励0.6万元/人的标准计算。在审计过程中，从乡镇财政所提取的账套上未单独列出明细"建房拆除奖励支出"。我们专业判断此项支出应包含在农村危房改造资金支出内。

7.3 项目点农村危房改造资金和财政专项扶贫资金支出情况

各项目点危房改造资金和财政专项扶贫资金支出情况如表7-6所示。

表7-6 各项目点危房改造资金和财政专项扶贫资金支出情况

单位：元

乡镇	项目点	支出	危房改造资金	财政专项扶贫资金	总计
AY乡	X	支出	765 000.00	27 000.00	792 000.00
BL乡	M	支出	438 000.00	16 200.00	454 200.00
	N	支出	297 000.00	10 800.00	307 800.00
BY镇	O	支出	1 305 195.00	89 100.00	1 394 295.00
DB乡	E	支出	1 365 000.00	145 800.00	1 510 800.00
GL乡	H	支出	343 500.00	45 900.00	389 400.00
	I	支出	315 000.00		315 000.00
	J	支出	306 000.00	5 400.00	311 400.00
	K	支出	337 500.00	13 500.00	351 000.00
GC镇	Z	支出		60 000.00	60 000.00
	L	支出		321 600.00	321 600.00
HJ乡	U	支出	5 808 895.00	75 600.00	5 884 495.00
	D	支出	5 808 895.00	56 700.00	5 865 595.00
LD镇	B	支出	397 500.00	13 500.00	411 000.00
	A	支出	63 000.00	16 200.00	79 200.00
MY镇	P	支出	210 000.00		210 000.00
NN乡	Q	支出	1 260 590.00	135 000.00	1 395 590.00
TP镇	R	支出	621 000.00	59 400.00	680 400.00

续表

乡镇	项目点	支出	危房改造资金	财政专项扶贫资金	总计
XH镇	S湾	支出		151 300.00	151 300.00
	T弄	支出		35 100.00	35 100.00
ZS乡	C	支出	1 645 500.00	191 700.00	1 837 200.00
总计			21 287 575.00	1 469 800.00	22 757 375.00

7.4 乡镇安置点资金使用情况的审批程序

各乡镇的项目专项资金授权审批制度较为严格,重大项目支出,乡(镇)政府领导开会集体讨论研究决定,授权主管领导[一般副乡(镇)长]审批,财政所长签字的原始单据,财会人员直接拨付给农户,农户写收据签字按手印留存做账。项目资金使用程序规范、合法,未发现违纪、违规、违法的行为。

各个财政所根据乡镇政府审批的项目资金,从原始凭证的审核、编制记账凭证、账簿核算、编制专项资金报表。为了便于反馈会计信息,将发生的经济业务,及时编制易地扶贫搬迁项目资金收支使用情况台账,随时提供给上级主管机关的监督检查。各乡镇财政所根据专项资金实际向上级主管部门报出财务报告,数据完整、真实、合法。

7.5 某县易地扶贫搬迁项目资金的投入与产出效益分析

描述性统计分析如表7-7所示。

表7-7 描述性统计分析

	实测值	平均数	标准差	最小值	最大值
专项资金支出	44	16.5564	17.0620	13.8353	18.9572
地方政府债券	44	13.6663	14.2186	11.3290	16.0643
专项建设基金	44	13.4349	14.1841	10.8198	15.5749
投资效益(率)	44	16.752	17.2623	13.6571	19.1626

注:为了进行数理统计分析,对表内的原始数据取自然对数(L_N)。

通过表7-7描述性统计分析,专项资金支出均值为16.5564,均值的标准差为17.0620,最小值为13.8353,最大值为18.9572。数据比较集中,偏离不大。地方政府债券、专项建设基金、投资效益(率)三个变量大致如此,相关性如表7-8所示。

表7-8 皮尔逊矩阵相关性分析

	专项资金支出	地方政府债券	专项建设基金	投资效益(率)
专项资金支出	1.0000			
地方政府债券	0.9599	1.0000		
专项建设基金	0.4960	0.5632	1.0000	
投资效益(率)	0.9980	0.9646	0.5435	1.0000

通过表7-8皮尔逊矩阵相关性分析,除了专项建设基金中度相关外,专项资金支出、地方政府债券、投资效益(率)三个变量高度相关。投入与产出效益(率)面板数据回归分析如表7-9所示。

表7-9 投入与产出效益(率)面板数据回归分析

变量	投资效益(率)
Constant	-1266813＊＊＊
	(13.47)
专项资金支出	1.096168＊＊＊
	(13.47)
地方政府债券	-0.7310148
	(-0.84)
专项建设基金	1.682389＊＊＊
	(4.25)
N	44
P>chi2	<0.001

注:括号内的 t 值已经进行公司个体的聚类调整(Cluster),＊＊＊、＊＊和＊分别表示1%、5%和10%的显著性水平。

从表 7-9 可以看出,专项资金支出变量前的符号为正,系数为 1.096168,t 值为 13.47,通过 1% 的统计显著性水平检验,资金的投入产出效益较好。地方政府债券的符号为负,系数为 -0.7310148,t 值为 -0.84,未通过 5% 的统计显著性水平检验,这主要是因为地方政府债券的资金较少,全县 13 个乡镇、22 个项目点 10 620 100 元,其中:符合 31 号、422 号文件,全县 11 个乡镇、16 个安置点应拨付资金 9 476 100 元,剔除不符合 31 号、422 号文件,全县 3 个乡镇、6 个安置点应拨付资金 1 144 000 元。专项建设基金变量前的符号为正,系数为 1.682389,t 值为 4.25,通过 1% 的统计显著性水平检验,资金的投入产出效益较好。

结论:通过描述性统计、相关性、面板数据回归分析,对某县易地扶贫搬迁项目资金的投入与产出效益的大数据分析,得出易地扶贫搬迁资金使用效益好、效率高,县、乡两级政府易地扶贫搬迁工作绩效显著。

7.6 存在的问题:违反国家基本建设投资项目的相关规定

1. 未按规定办理图审、报监、施工许可证先建设项目

有 10 个乡镇未办理图审、报监、施工许可证,就开始施工建设,项目都已经建好。但是,还没有进行竣工结算和财务审计,实际的工程量,施工方已做好,乡镇组织初验,建设主管部门未对建设项目最终进行验收。TP 镇、MY 乡、ZS 乡三乡(镇)结算审计当时正在进行中,审计结果未出来,财务审计滞后。县上拨到各乡镇的资金,乡镇财政所已将资金拨到项目上,项目已经完工,乡镇财政所的财务账上无法结转,一直挂在账上。国家投资的基础建设投资都处于在建工程状态,即使完工都无法转为资产。影响国家基础设施建设项目完工结转为国有资产,国资管理部门无法对资产进行接收和管理。

2. 未严格划分专项资金和银行信贷资金规定的项目、性质和用途

经上级主管部门批准直接使用地方政府债券、中长期贷款赔还农发行贷款未违反专项资金使用性质和用途。国家行政事业单位从财政部门或者上级预算单位、主管部门取得的项目专项资金,应当按照批准项目性质和用途使用,专款专用、单独核算,资金使用情况接受财政部门或者上级预算单位、主管部门的检查监督的规定。

3. 会计基础不够严谨,财务管理混乱

该县农村易地扶贫搬迁项目建设管理中心,收到上级主管部门拨的专项资金,只有一本银行存款日记账,从原始凭证的授权审批、编制记账凭证、记账、编制报表整个会计基础核算工作比较薄弱。财务人员变动频繁,由于前面的财务资料不齐全,后面的财务人员对前面的会计信息不了解,财务管理混乱,所以主管领导无法依据会计信息作出决策,对整体的易地扶贫搬迁工作造成一定的影响。

4. 资金使用的收支活动台账未及时编报

审计过程中,发现有的乡镇没有及时编报资金的台账。

5. 会计处理不规范、不统一

对资金的收付,各乡镇的会计处理各有不同。有的乡镇收到资金时确认收入、支付资金时确认支出,有的乡镇收到资金时确认负债、支付资金时转销负债。

7.7 建议

1. 补办图审、报监、施工许可证及工程竣工结算手续

县政府责成住建局协调上级主管部门,为全县 13 个乡镇未办理图审、报监、施工许可证的,补办齐全。尽快办理工程竣工结算手续,进行工程竣工结算

审计和财务审计,属于基础设施投资形成固定资产的,由各乡镇移交县级平台公司入固定资产账,提高政府公益项目的社会效益。

2. 根据Y发改扶贫〔2018〕422号文件的资金政策性在县、乡(镇)进行调整的意见

该县农村易地扶贫搬迁项目建设管理中心,与各乡镇财政所核对一致的数据显示,由于县上拨到各乡镇的资金截至2018年6月30日余额为20 726 517.90元。各个乡镇大量的资金已投到项目上,各乡镇应退回县上的资金96 365 609元。各个乡镇很难筹集到资金退回给县上,以本所的专项资金审计报告为依据,这些资金暂时摆在各乡镇财政所的账上,等待县政府制定政策,明确如何解决在县乡资金渠道问题,进行调整抵补对冲。

3. 建议专项资金归口管理

地方政府债券、专项建设基金、中长期贷款这三项专项资金,由某县发改局所属的易地安置中心管理,建议由县财政局直接与乡镇财政所对接。从专业的角度归口管理,加强国家投入地方专项资金的财务管理工作,提高资金使用的经济和社会效益。

4. 及时编报建立完善的资金使用收支活动台账

建立完善的资金台账,易地扶贫搬迁资金实行专户存储、专账核算、物理隔离、封闭运行管理。省扶贫投资公司及县(市、区)财政、发展改革、扶贫部门要指导县易地安置中心建立建档立卡搬迁人口资金支付的台账和统计台账,建房补助资金的台账明细到户到人,基础设施及公共服务设施资金支付的台账明细到集中安置点,确保各类资金专款专用。

针对会计处理,我们提出如下方案,以供参考。

(1)收到易管中心拨款时,确认负债

账务处理同时增加"银行存款"和"其他应付款"。

(2)支付相关项目款项

①付款时,确认支出。账务处理增加"项目支出",减少"银行存款"。

②同时确认收入,并转销对易管中心的负债,金额与支出金额相互一致。账务处理减少"其他应付款",增加"项目收入"。

③如果支出形成资产,还需确认资产,并确认资产基金,账务处理同时增加"某资产""资产基金"。

第8章　曲线模型预测法对某市"十四五"期间财政扶贫专项资金的预测

本章研究某市财政专项扶贫资金在"十四五"期间的趋势预测模型,旨在为本地地方政府在财政专项扶贫资金预算安排中提供决策依据,使稀缺的经济资源得到优化组合与合理利用,从而提高财政专项扶贫资金的使用效果和效率。

8.1　某市财政专项扶贫资金预测的背景

某市是中国大西南通往太平洋地区出海通道的"黄金走廊"。某市要抓住国家的宏观大政方针、政策的大好有利发展机遇,加快步伐将某市建设成为中国－中南半岛经济走廊。投资、消费、贸易是拉动经济增长的三驾"马车"。选择国家财政专项扶贫资金项目支出上的预测,以某市财政专项扶贫资金投入为主要对象进行研究,有利于今后为地方政府制定科学的扶贫后续政策。根据中央政府关于"加大财政涉农资金整合力度,加强扶贫资金监管,提高资金使用效率和效益,用好扶贫的土地和金融政策"的规定。曲线模型预测法在财政专项扶贫资金预测上的运用,为某市地方财政部门在安排年度财政专项扶贫资金预算时,提供可操作性的科学方法。

8.2　曲线模型预测法在财政专项扶贫资金预测上的运用

马克思说:"一定的生产决定一定的消费、分配、交换和这些不同要素相互间的一定关系。当然,生产就其片面形式来说,也决定于其他因素"。财政是一个分配范畴,它当然要受到生产的制约,同时,它又反过来积极影响生产。

某市财政专项扶贫资金是地方财政总预算中的一个重要成分,占总预算资金支出的5.16%,为了充分发挥财政的分配职能作用,合理分配地方财政专项扶贫资金,调整农业产业结构,积极发展地方经济,政府职能部门的广大干部职工要开放思想、转变观念,要由原来的事后检查和监督转变为事前的预测和评价,用决策支持系统工作。

财政专项扶贫资金预测是一项基础性的工作,科学与否直接关系到扶贫预算是否能顺利进行。因此,我们每年在对国家扶贫经济政策进行定性研究的同时,还必须进行定量分析。经济数学模型对在财政专项扶贫资金预测中的运用,提出了有预见性的科学依据,运用这一手段,可以为政府和财政、扶贫管理部门所进行的经济决策、计划管理和指导实践工作提供帮助。本章力求根据近几十年的财政专项扶贫资金的管理经验,通过建立数学模型来预测今后财政专项扶贫资金的支出趋势。

趋势曲线模型预测法,是长期趋势预测的主要方法。它根据时间序列的发展趋势,配合合适的曲线模型预测未来的趋势。根据某市2010—2018年的决算资料,用三点法预测某市"十四五"期间财政专项扶贫资金支出增长趋势(速度),以提供合理的安排财政专项扶贫资金预算时参考。

1. 收集并分析整理数据

表8-1为某市主要年份财政分项目支出表,2018年,扶贫资金占公共财政预算支出的5.16%。

表8-1 某市主要年份财政分项目支出表

单位:亿元

指标	年份								
	2010年	2011年	2012年	2013年	2014年	2015年	2016年	2017年	2018年
公共财政预算支出	2008	2545	2985	3209	3480	4066	4442	4909	5311
农林水支出	260	315	369	372	391	498	573	647	657
农业	123	110	135	135	140	164	167	156	149
扶贫	18	20	27	30	37	59	157	240	274

资料来源:《广西统计年鉴》(2019)。

2. 选择预测模型

计算序列的一阶、二阶差分,列于表8-2中。

表8-2 某市财政专项扶贫资金差分表

单位:亿元

差分	年度								
	2010年	2011年	2012年	2013年	2014年	2015年	2016年	2017年	2018年
扶贫资金(y_t)	18	20	27	30	37	59	157	240	274
一阶差分(Δy_t)		2	7	3	7	22	98	83	34
二阶差分(Δy_t)			5	-4	4	15	76	-15	-49

从表8-2计算结果可看出,二阶差分是基本平稳的,因此可配合二次抛物线预测模型来预测。

3. 建立二次抛物线预测模型

$$\hat{y}_t = a + bt + ct^2$$

列表8-3计算有关数据。

表8-3 扶贫资金需要量二次抛物线预测模型三点法计算表

年度	变量					
	t	y_t	w	$\hat{y}_w$	$\hat{y}_t$	$(y-\hat{y}_t)^2$
2010	1	18	1	18	32	199
2011	2	20	2	40	15	28
2012	3	27	3	81	6	436
2013	4	30	1	30	7	561
2014	5	37	2	74	16	435
2015	6	59	3	177	34	618
2016	7	157	1	157	62	9129

续表

年度	变量						
	t	y_t	w	$\hat{y}_w$	$\hat{y}_t$	$(y-\hat{y}_t)^2$
2017	8	240	2	481	98	20309
2018	9	274	3	822	143	17147
Σ						48861

根据上述资料计算得：

$$R = \frac{1}{6}(y_1 + y_2 + y_3) = \frac{1}{6}(18 + 20 + 27) = 10.83$$

$$S = \frac{1}{6}(y_n - 2 + 2y_n - 1 + 3y_n) = \frac{1}{6}(30 + 37 + 59) = 21$$

$$T = \frac{1}{6}(y_1 + y_2 + y_3) = \frac{1}{6}(157 + 240 + 274) = 111.83$$

将上式代入：

$$\begin{cases} \hat{c} = \dfrac{2 \times (R + T - 2 \times S)}{(n-3)^2} \\ \hat{b} = \dfrac{T - R}{n - 3} - \dfrac{3n + 5}{3}c \\ \hat{a} = R - \dfrac{7}{3}b - \dfrac{49}{9}c \end{cases} \rightarrow \begin{cases} \hat{c} = \dfrac{2(10.83 + 111.83 - 2 \times 21)}{(9 - 3)^2} \\ \hat{b} = \dfrac{111.83 - 10.83}{9 - 3} - \dfrac{3 \times 9 + 5}{3} \times 4.4811 \\ \hat{a} = 10.83 - \dfrac{7}{3} \times (-30.9651) - \dfrac{49}{9} \times 4.4811 \end{cases} \rightarrow \begin{cases} \hat{c} = 4.4811 \\ \hat{b} = -30.9651 \\ \hat{a} = 58.6848 \end{cases}$$

于是，所求二次抛物线预测模型为：

$\hat{y}_t = 58.6848 - 30.9651t + 4.4811t^2$，简化为 $\hat{y}_t = 58.68 - 30.97t + 4.48t^2$

将各年 t 值代入预测模型，得到各年的追溯预测值 $\hat{y}_t$。追溯预测值稍偏高见表8-3。

先计算 S_y，将上表计算结果代入，便得：

$$S_y = \sqrt{\frac{\sum(y_t - \hat{y}_t)^2}{(n - m)}} = \sqrt{\frac{48861}{(9 - 3)}} = 90.24$$

当 $\alpha = 0.05$、自由度 $n - m = 6$ 时，查 t 分布表得 $t_{0.025(6)} = 2.447$

第 8 章　曲线模型预测法对某市"十四五"期间财政扶贫专项资金的预测

以 $t=10$ 代入预测模型,可得 2020 年 BS 市财政专项扶贫资金需求量的预测值为:

$$y_{2020} = 58.84 - 31.02 \times 10 + 4.49 \times (10)^2$$
$$= 197.64(亿元)$$

$$y_{2021} = 58.84 - 31.02 \times 11 + 4.49 \times (11)^2$$
$$= 260.91(亿元)$$

预测区间为 $\hat{y}_{2020} \pm \dfrac{t_o}{2} \times S_y \sqrt{1 + \dfrac{1}{n}}$。由于财政专项扶贫资金受国家宏观经济政策的影响较大,因此,预测区间上下限较宽泛而不太适宜。若是财政教育事业费支出,就会相对平稳一些,预测区间窄,比较能够说明问题,具有较强的参考价值。这种现象可以看以下曲线模型预测趋势图,图形是曲线而不是呈线性直线的趋势。预测趋势如图 8-1 所示。

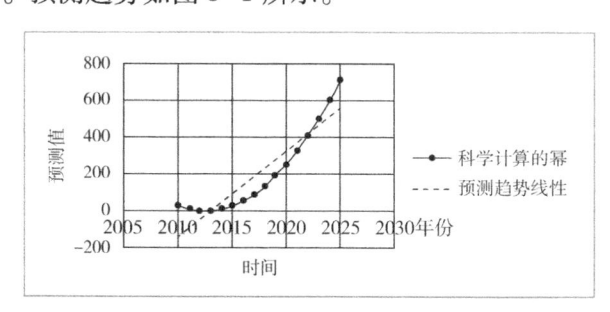

图 8-1　曲线模型预测趋势

8.3　研究结果

将数学模型储存计算机,利用统计分析研究软件,如:SPSS、Stata、R 等软件,即可预测"十四五"期间某市财政专项扶贫资金需求量,发展速度和增长速度,在安排财政专项扶贫资金预算工作过程中作出最佳决策。

资料来源:《中国市场》2020 年 11 月第 33 期。

第 9 章　绩效审计

9.1　绩效审计的核心内容

绩效审计涉及多个方面,主要包括财政资金使用的合理性、项目执行的有效性、管理体系的健全性以及社会效益的实现情况,以下是重点审计内容。

1. 经济性审查:降低成本,提高资金使用效益

资金使用是否符合节约原则:评估采购流程、项目实施中的成本控制情况,审查是否存在过度支出、浪费或非必要开销。采购与合同管理是否合规高效:对比市场价格,评估采购程序的透明度及合理性,防止暗箱操作和不正当交易。人力资源和行政成本是否合理:审查人员配备、薪酬成本等是否合理,避免人力资源浪费,提高工作效率。

2. 效率性审查:优化流程,提高工作产出

项目执行进度是否与计划匹配,检查资金拨付与实际工作进展是否同步,避免资金沉淀或使用滞后。资源配置是否优化,分析物资、人力、财力的分配情况,评估是否达到最佳配置,减少低效使用或重复投入。管理流程是否高效顺畅,审查决策机制、审批流程等,是否存在冗长或不必要的环节影响项目执行。

3. 效果性审查:确保资金投入带来预期收益

项目是否达到既定目标,对比预期目标与实际结果,评估资金投入的成效。社会效益和经济影响,分析项目对社会公众的影响,如基础设施建设是否改善了居民生活质量,扶持资金是否有效促进了产业发展。项目的可持续性,检查长期运维和后续发展规划,确保项目能够持续产生正面影响。

4．内部控制与风险管理

内部管理制度是否完善,检查财务制度、审批制度是否健全,防止管理漏洞和违规操作。资金管理是否透明合规,审查财务记录、支出凭证,防止挪用、贪污或腐败现象发生。监督机制是否有效,评估内部审计和外部监督是否到位,确保问题能被及时发现和纠正。

9.2 电子数据导入绩效审计系统

参照英国国家审计署对"提高英国高等教育学生完成学业能力"绩效审计进行电子数据导入。

(1) 电子数据分析的基本过程如图9-1所示。

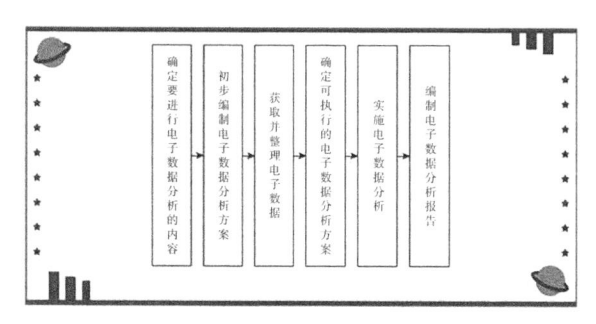

图9-1 数据分析的基本过程

(2) 电子数据采集和预处理技术如图9-2所示。

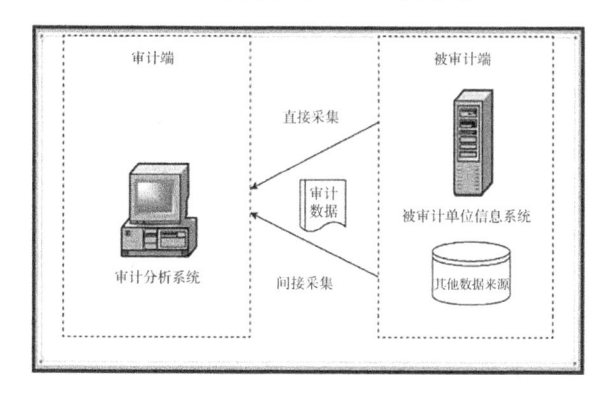

图9-2 数据采集和预处理技术示意图

(3)审计数据采集的特点如图9-3所示。

审计数据采集的特点	选择性	审计人员在进行审计数据采集时只采集与审计需求相关的数据
	目的性	审计数据采集是为进行审计数据分析、发现审计线索、获取审计证据做基础数据准备的
	可操作性	审计人员在进行数据采集时,需要根据被审计单位的实际情况选择最合适的审计数据采集方案
	复杂性	必须根据被审计单位的实际情况,选择合适的审计数据采集方法,从而造成了审计数据采集的复杂性

图9-3 审计数据采集的特点

(4)审计数据采集的主要步骤如图9-4所示。

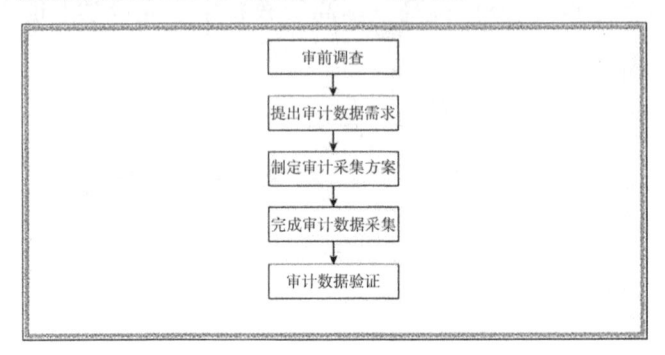

图9-4 审计数据采集的主要步骤

在审计数据采集时要明确提出审计数据需求,这个阶段要确定所需数据内容和确定审计数据采集的具体方式。

①确定所需数据内容。

审计组全体成员应对所需数据的内容进行讨论,再决定初步的数据需求。进行讨论是必要的,原因如下。

第一,通过讨论可以提出尽量全面、完整的数据需求,防止因考虑不周全而多次、零星提出数据需求导致延误电子数据的获取。

第二,通过讨论使审计组成员了解被审计单位计算机信息系统及其数据的概况,为后面的审计数据分析打下基础。

②确定审计数据采集的具体方式。

经过审计组讨论,初步确定审计数据需求后,应同被审计单位的计算机管理人员商量,从技术的角度考虑所需要的数据能否采集,以哪种方式采集更好,以及具体的文件格式、传递介质等问题。

如果在发出正式的数据需求前不向被审计单位的计算机技术人员询问,有可能导致审计数据需求不合理,特别是在数据格式、审计数据采集方式等方面不现实或者不是最佳方式,不利于工作的开展。

在做好上述工作后,审计组应发出书面的审计数据需求及说明书。说明书的主要内容应包括以下几个方面:被采集的系统名称、数据的内容、数据格式、传递方式、时限要求、双方的责任等。

在实践中,常用的方式是请被审计单位将指定数据转换为通用的、便于审计组利用的格式;也可以通过 ODBC 等方式连接,直接对数据进行采集;特殊情况下,还可以移植应用系统及数据。无论采取哪种方式,都应该以审计组的名义发出数据需求说明书,明确内容和责任等事项。数据需求说明书可以消除只进行口头说明可能引起的需求不明,它能准确表达审计组的要求,并使被审计单位正确理解数据需求,从而为顺利采集数据打下基础。

另外,在审计数据需求说明书中规定安全控制措施、双方责任等事项还可以在一定程度上避免审计风险。

审计数据采集的方法中最常用的几种方法包括直接复制、通过中间文件采集、通过 ODBC 接口采集、通过专用模板采集。

四种常用数据采集方法的优缺点分析如图 9-5 所示。

数据采集方法	影响使用的因素					
	动态还是静态	对被审计信息系统的影响	专业知识需求	对被审计单位的依赖性	灵活程度
直接复制	静态	小	不需要	不依赖	一般
通过中间文件采集	静态	小	不需要	依赖	一般
通过 ODBC 接口采集(从被审计单位信息系统中采集)	动态	大	需要	不依赖	高
通过专用模板采集(从备份数据中采集)	静态	小	不需要	不依赖	低

图 9-5 常用数据采集方法影响使用的因素

(5)电子数据预处理。

审计数据预处理的意义如下。

①为下一步的审计数据分析提供准备。

②帮助发现隐含的审计线索。

③降低审计风险。

④通过更改命名方式便于数据分析。

审计数据预处理的内容如下。

①数据转换。

数据转换就是把具有相同或相近意义的各种不同格式的数据转换成审计人员所需的格式相对统一的数据,或把采集到的原始数据转换成审计人员容易识别的数据格式和容易理解的名称,如名称转换、数据类型转换、代码转换。

②数据清理如图9-6所示。

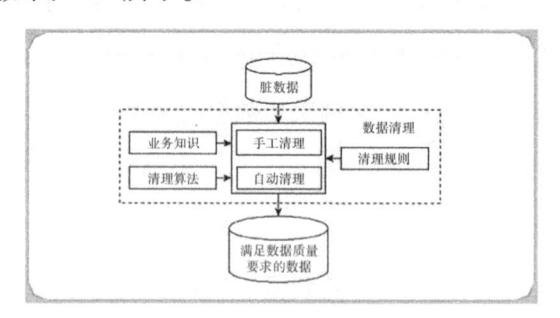

图9-6 数据清理模型

③常用电子数据分析技术。

④数据查询。

数据查询是指审计人员针对实际的被审计对象,根据自己的经验,按照一定的审计分析模型,在通用软件中采用SQL语句来分析采集的电子数据,或采用一些审计软件,通过运行各种各样的查询命令以某些预定义的格式来检测被审计单位的电子数据。

这种方法既提高了审计的正确性与准确性,也使审计人员从冗长乏味的计算工作中解放出来。另外,运用SQL语句的强大查询功能,通过构建一些复杂的 SQL 语句,可以完成模糊查询及多表之间的交叉查询等功能,从而完成复杂的审计数据分析功能。

多数审计软件都提供了数据查询这种审计数据分析方法,国内的审计软件如现场审计实施系统、电子数据审计模拟实验室软件等,国外的审计软件如 IDEA 和 ACL 等。

在审计中应用统计抽样和非统计抽样方法一般包括如下四个步骤:根据具体审计目标确定审计对象总体,确定样本量,选取样本并审查,评价抽样结果。

很多审计软件中都开发了审计抽样模块,如现场审计实施系统、电子数据审计模拟实验室软件等,这使得以前烦琐的数字计算、随机数生成等工作可以轻松实现,并可以保证抽样工作的准确性和合法性。

审计人员只要按照抽样向导的提示,输入相应的参数即可,从而对审计人员规避审计风险、提高审计工作质量起到了很大的作用。后面将以电子数据审计模拟实验室软件为例介绍审计抽样方法。

(6)审计抽样。

(7)统计分析。

9.3 绩效审计中常用的统计分析方法

常用的统计方法介绍如下。

一般统计常用于具体分析之前,已对数据有一个大致的了解,它能够快速地发现异常现象,为后续的分析工作确定目标,一般统计对数值字段提供下列统计信息:全部字段以及正值字段、负值字段和零值字段的个数,某类数据的平均值、绝对值以及最大或最小的若干个值。

分层分析是通过数据分布来发现异常的一种常用方法。其原理一般为首先选取一个数值类型的字段作为分层字段,其次根据其值域将这一字段划分为若干个相等或不等的区间,通过观察对应的其他字段在分层字段的各个区间上的分布情况来确定需要重点考察的范围。

分类分析是通过数据分布来发现异常的另一种常用方法。其原理一般为先选择某一字段作为分类字段,再通过观察其他对应字段在分类字段各个取值点上的分布情况,来确定需要重点考察的对象。分类分析的思路类似于分类,它是一种简单而常用的数据分析手段。

(1)数值分析。

数值分析是根据被审计数据记录中某一字段具体的数据值的分布情况、出现频率等指标,对该字段进行分析,从而发现审计线索的一种审计数据分析方法。这种方法是从微观的角度对电子数据进行分析的,审计人员在使用时不用考虑具体的被审计对象和具体的业务。

在完成数值分析之后,针对分析出的可疑数据,再结合具体的业务进行审计判断,从而发现审计线索,获得审计证据。相对于其他方法,这种审计数据分析方法易于发现被审计数据中的隐藏信息。

(2)其他智能方法。

除了以上常用审计数据分析方法,根据目前电子数据审计的需要,研究和设计了一些新的智能审计数据分析方法,如基于数据匹配技术的审计数据分析方法、基于业务规则的审计数据分析方法等。

①基于数据匹配技术的审计数据分析方法。

原理分析首先给出以下几个相关定义。

定义1:相似重复记录,是指那些客观上表示现实世界同一实体,但是在格式、拼写上有些差异而导致数据库系统不能正确识别的记录。

定义2:相似重复实体,其与相似重复记录类似。相似重复记录主要针对同一个数据表中的记录;而相似重复实体则是指那些分布在不同数据源中,客观上表示现实世界同一实体,但是由于在模式级和实例级上有些差异而被认为是不同对象的数据。

如果能找到数据表中合适的主键,则可以使用它来解决实体异构的问题。当两个数据源中的记录没有共同的标识符时,相似重复实体检测就变得很重要。

定义3:数据之间的相似度,是根据要比较的两条数据的内容而计算出的一个表示两条数据相似程度的数值,$0 < S < 1$。

定义4:数据相似检测,是指通过计算两组数据之间的相似度,来判定两组数据是不是相似重复数据。这里相似重复数据包括相似重复记录和相似重复实体。

定义5:数据匹配,是通过对采集来的不同数据源中的数据进行匹配,包括数据相似检测,来发现不同数据源中相似重复实体的一种技术方法。

②基于数据匹配技术的审计数据分析方法。

该方法的原理描述如下。

Ⅰ.根据对两个被审计数据源的分析,从两个要比较的数据表中选取公共字段。

Ⅱ.对两个数据表中的数据进行预处理,如标准化数据字段格式等。

Ⅲ.从算法库中调用相似检测算法,根据所选取的公共字段,执行两个数据表中数据之间的比较,并根据预定义的重复识别规则,检测出相似重复实体,即为可疑数据。

Ⅳ.对检测出的每一组相似重复实体,由审计人员通过一定的方法进行审计判断,并通过对可疑数据的延伸调查,最终获得审计证据如图9-7所示。

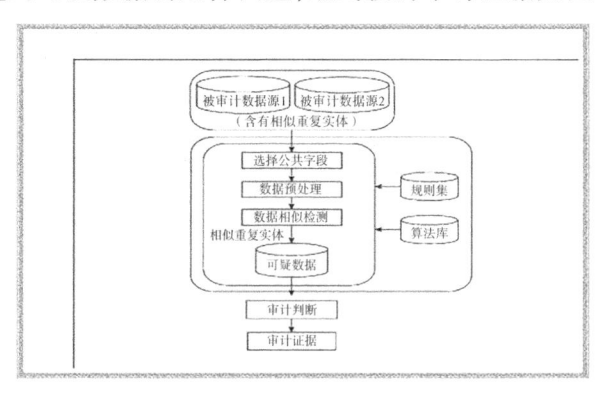

图9-7 审计证据的审计判断过程模型

关键步骤分析如下。

Ⅰ.公共字段的选取。

要比较的两个数据表在内容上是一致的,但表结构可能不相同,如字段的命名、字段的顺序、字段的个数等。公共字段的选取是为了从两个数据表中选取要比较的字段,通过对这些公共字段的比较,确定要比较的数据是不是相似数据。所选取的公共字段的字段名可以不一样,但字段的内容必须一致。

对于公共字段的选取，也有一些自动的方法，但为了准确起见，目前一般还是采取人工方式来选取公共字段。

Ⅱ. 数据预处理。

如前所述，为了准确地获得审计证据，在进行审计数据分析之前需要对被审计数据进行数据预处理，因此在进行相似重复数据检测之前需要进行数据预处理。

数据预处理主要用来完成数据标准化等，因为从不同数据源中采集来的数据在格式上可能存在差异，通过数据标准化可将特定类型的数据转化成统一格式表示，从而为审计数据分析提供方便。

Ⅲ. 数据相似检测。

数据相似检测的原理如图 9-8 所示。

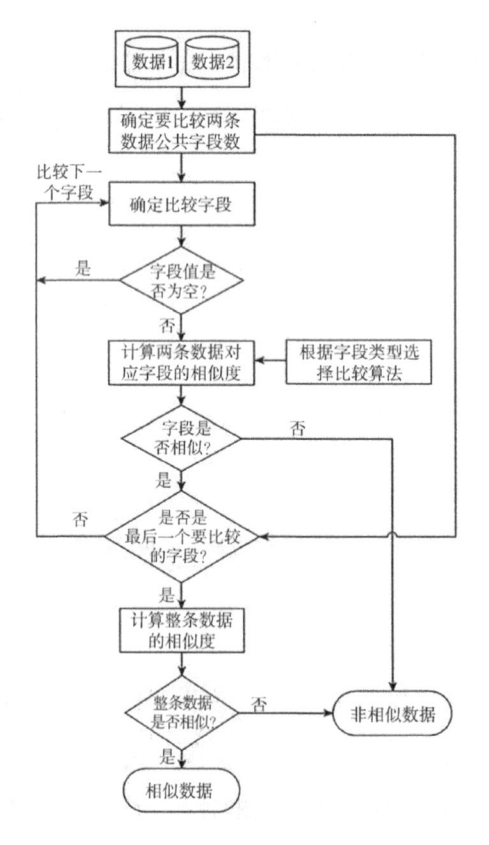

图 9-8 数据相似检测的原理模型

字段相似度计算方法,对于不同类型的字段,采用不同的计算方法。

布尔型字段相似度计算方法。对于布尔型字段,如果两字段相等,则相似度取 0,如果不同,则相似度取 1。

数值型字段相似度计算方法。对于数值型字段,可以采用计算数字的相对差异算法如下。

式中,S1 和 S2 为数值型字段,也可以采用欧氏距离等方法计算数值型字段的相似度。

字符型字段相似度计算方法。对于字符型字段,一个字段可以看成一个字符串,字符串的相似检测也称字符串匹配,它是计算机科学中一个最重要的研究问题,最主要的方法是基于编辑距离算法。通过采用编辑距离算法,可以计算出两个字段间的编辑距离。由于编辑距离值为整数,为了把字段间的编辑距离转换成字段间的相似度,提出以下转换方法,如表 9-1 所示。

表 9-1　编辑距离和相似度的对应关系定义

编辑距离	相似度
1	0.9
2	0.8
3	0.7
4	0.6
…	…

定义 6:编辑距离。两个字符串 X 和 Y 之间的编辑距离定义为:把一个字符串转换成另一个字符串时在单个字符上所需要的最小编辑操作(例如插入、删除、代替)的代价数如图 9-9、9-10 所示。

假设 A 是一个有限的符号字母表,A^* 是 A 上所有字符串的集合;ε 表示空符号,$|x|$ 表示字符串 x 的长度,$|\varepsilon|=0$。一个编辑操作就是以下的任何一个:
$a \rightarrow b, a \rightarrow \varepsilon, \varepsilon \rightarrow a$
这里 $a、b \in A$,$a \rightarrow b$ 称为一个代替操作,$a \rightarrow \varepsilon$ 称为一个删除操作,$\varepsilon \rightarrow a$ 称为一个插入操作。如果 $a=b$,则 $a \rightarrow b$ 称为一个同一的代替操作,否则称为不同一的代替操作。一个代价函数就是一个对每个编辑操作指派一个非负实数值的函数。令 $c(a \rightarrow b)$ 表示代替操作 $a \rightarrow b$ 的代价,$c(a \rightarrow \varepsilon)$ 表示删除操作 $a \rightarrow \varepsilon$ 的

图 9-9　插入代价数

代价，$c(e→a)$ 表示插入操作 $e→a$ 的代价。假设 $S=e_1,\cdots,e_k$ 为一个编辑操作的序列，它的代价被定义为：

$$c(S)=\sum_{i=1}^{k}c(e_i)$$

根据以上定义，两个字符串 x 和 y 的编辑距离 $d(x,y)$ 可以被定义为转换 x 到 y 所需的最小操作序列的代价数，即

$$d(x,y)=\min\{c(S)\}$$

式中，S 是一个转换 x 到 y 的编辑操作序列。

计算编辑距离 $d(x,y)$ 的标准算法是基于一个动态程序，它使用以下递归公式来计算维数为 $(n+1)\times(m+1)$ 的二维编辑矩阵 $D(i,j)$ 中的元素。

图 9-9　插入代价数（续）

$$D(0,0)=0$$
$$D(0,j)=D(0,j-1)+c(\varepsilon→y_j) \quad j=1,\cdots,m$$
$$D(i,0)=D(i-1,0)+c(x_i→\varepsilon) \quad i=1,\cdots,n$$
$$D(i,j)=\min\begin{cases}D(i-1,j-1)+c(x_i→y_j),\\D(i-1,j)+c(x_i→\varepsilon),\\D(i,j-1)+c(\varepsilon→y_j)\end{cases} \quad i=1,\cdots,n,j=1,\cdots,m$$

可以看出：

$$d(x,y)=D(m,n)$$

计算编辑距离 $d(x,y)$ 的算法描述如下：

输入：要比较的两个字符串 X，Y
输出：两个字符串的编辑距离
（1）求 X 的长度 N，Y 的长度 M，如果 N 为 0，返回 M 并退出；如果 M 为 0，返回 N 并退出。
（2）构建一个 M 行 N 列的矩阵 $D[M][N]$，初始化第一行：0 到 N；第一列为：0 到 M。
（3）i 从 1 到 N 检测 X 中的每一个字符；
（4）j 从 1 到 M 检测 Y 中的每一个字符；
（5）如果 $X[i]=Y[j]$，则操作代价 $COST$ 为 0，否则，操作代价 $COST$ 为 1；
（6）使 $D[i][j]$ 为 $Mnimum(d[i-1][j]+1,d[i][j-1]+1,d[i-1][j-1]+cast$，其中，$Minimnun()$ 为求最小值函数。
（7）返回 $D[M][N]$；

图 9-10　数据相似检测算法

数据记录相似度计算方法，整个数据的相似度计算方法为：

$$RS=\sum_{i=1}^{n}WiSi$$

式中，RS 为两条比较数据的相似度值；Wi 为两条比较数据中参与比较的各个字段的权重，Si 为两条比较数据中参与比较的各个字段的相似度值，$i=1$，

2,…,n,为两条比较数据中参与比较的公共字段的个数。根据 RS 的值可以判断两条比较数据是否相似。

字段相似检测效率优化方法。

大数据环境下,因为被审计数据是海量的,所以必须提高数据相似检测效率。

由图 9-10 所示的数据相似检测算法的流程可以看出:数据间的相似检测依赖于数据中每个字段的相似检测,因此,字段的相似检测是一个相当重要的原子操作,其效率直接影响整个算法的效率。对于字符型数据的相似性检测,一般采用编辑距离算法。由于编辑距离算法的复杂度为 $O(mxn)$,当数据量很大时,如不采用一种高效的过滤方法来减少不必要的编辑距离计算,就会导致相似检测时间过长。

为提高数据检测效率,我们提出一种基于长度过滤方法优化的相似检测算法。

长度过滤方法基于以下定理。

定义7:长度过滤。任给两个字符串 X,Y,其长度分别为 $|X|$、$|Y|$,如果 X 和 Y 的编辑距离最大为 K,则两个字符串的长度之差最多不能超过 K。

从以上定义可以看出:在计算字段的编辑距离之前,如能利用此定理对所要比较的记录字段进行过滤,则可大大减少不必要的编辑距离计算,从而提高相似重复记录的检测效率如图 9-11 所示。

```
假设R1和R2为两条记录,R1. Field[i]和R2. Field[i]是字符型字段,两字段编辑距离的阈值δ1、函数d(R1.Field[i],R2. Field[i])用来计算两条记录中字段R1. Field[i]和R2. Field[i]的编辑距离,则应用长度过滤方法算法的伪码描述如下:
    s_int = length(R1.Field[i]);
    //求字段R1.Field[i]的长度
    t_int = length(R2.Field[i]);
    //求字段R2.Field[i]的长度
    lf abs(s_int-t_int)>δ1  Then
            Return False;
    //如果两字段长度之差大于δ1,则不用计算编辑距离就可判断两记录不相似Else
        Dist = d(R1. Field[i], R2. Field[i]);//计算对应字段R1.Field[i]和R2. Field[i]的距离
    End If
```

图9-11 相似重复记录的检测效率

③基于业务规则的审计数据分析方法。

Ⅰ.问题的提出。

对于错误数据的检测,一般有两种相互联系的方法。

通过检测被审计数据表中单个字段的值来发现错误数据,这种方法主要是根据被审计数据表中单个字段值的数据类型、长度、取值范围等,来发现其中的错误数据。

通过检测字段之间以及记录之间的关系来发现错误数据。

Ⅱ.业务规则。

业务规则的定义与分类。

业务规则根据其规则内容,可分成通用业务规则和特定业务规则。

◎通用业务规则。通用业务规则是指对多数信息系统都适用的业务规则,如工资必须大于或等于零。

◎特定业务规则。特定业务规则是指针对某一种特定行业信息系统的业务规则,如在某住房公积金管理中心的公积金管理系统中,同一人在前一笔贷款未全部偿还的情况下,不能以不同的购房交易再次贷款,这种规则就属于特定业务规则。

规则的表示方法如图9-12所示。

```
(1)确定性业务规则的表示。
    R#:  IF  (AND(OR{<CONDITION>}))  THEN
              ({<ACTION>})
         END IF
(2)不确定性业务规划的表示。
    R#: IF   (AND(OR{<CONDTION> WTTH <CCF_CNDTTIN>}))
         THEN
              ({<ACTION>})  WITH  <CF_ACTIO>
         END IF
式中,R#表示规则号:"IF""THEN""AND""OR"均为关键字,"AND"表示
它所联系的条件必须同时满足,即为"与"的组合:"OR"表示它所联系的条件必
须有一个满足,即为"或"的组合:{}表示可有一个或多个,但至少有一个:
CF_CONDITION和CF_ACTION分别表示规则的可信度和事实的可信度,取值范围如
下:
    0<CF_CONDITION<1
    0<CF_ACTION<1
```

图9-12 规则的表示方法

规则的表示方法实例如图 9-13 所示。

```
（1）确定性业务规则。
    R1: IF R_i (Salary) < 0 THEN
            该字段值为错误数据；
        END IF;
    式中，R_i (Salary) 表示记录R_i中"工资"字段的值。
    规则R1表示如果记录R中"工资"字段的值小于0，则该数值为错误数据。
（2）不确定性业务规则。
    R2: IF μ_i+εσ_i < R_i (Salary) OR R_i (Salary) < μ_i-εσ_i THEN
            该字段值为错误数据  WITH  0.9;
        END IF;
    式中，μ_i表示"工资"字段的平均值；σ_i表示"工资"字段的标准差；
    R_i (Salary) 表示记录R_i中"工资"字段的值。
    规则R2表示如果满足条件：
        μ_i+εσ_i < R_i (Salary) 或者 R_i (Salary) < μ_i-εσ_i
    则该字段为错误数据的可信度为0.9。
```

图 9-13 规则的表示方法实例

Ⅲ. 基于业务规则的审计数据分析方法原理如图 9-14 所示。

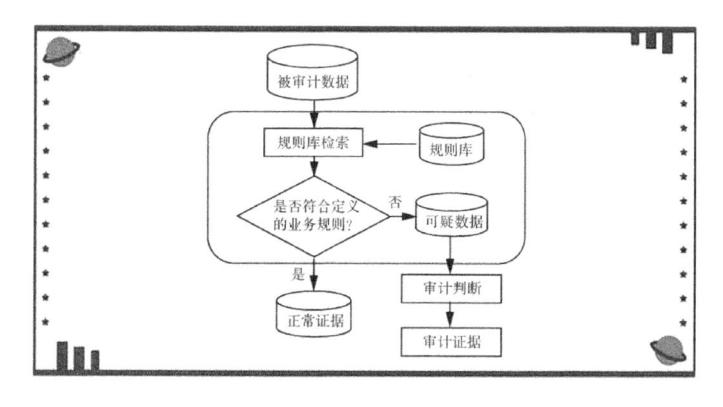

图 9-14 基于业务规则的审计数据分析方法原理

基于业务规则的审计数据分析方法简要描述如下。

Ⅰ. 根据对被审计对象的具体分析，在规则库中定义相应的业务规则。

Ⅱ. 对被审计数据执行自动审计，规则库检索模块检索规则库中的业务规则。

根据所定义的业务规则，对每条记录作以下检测。

根据字段的域来检测一条记录的每个字段。

根据同一记录中字段之间的关系，例如采用函数依赖关系等，对每条记录的多个字段进行检测。

通过以上过程可以判定每条记录是否符合所定义的业务规则，如果记录不符合所定义的业务规则，则将该记录记入可疑数据库中。然后，审计人员对可疑数据进行审计判断，从而发现审计线索，获得审计证据。

基于业务规则的审计数据分析方法的工作过程就是不断搜索规则库，并对数据源中的数据记录进行检查，看数据记录是否符合所定义的业务规则，从而检测出错误数据。

由于整个规则库中所包含的规则数目较多，搜索空间较大，势必会降低检测效率。为了提高检测效率和系统运行的可靠性，根据对业务规则的分类，把业务规则库分成两个子规则库，即通用业务规则子规则库和特定业务规则子规则库。

在完成某个审计数据分析任务时，除了需要到通用业务规则子规则库中搜索，具体业务只需要到该任务相关的特定业务规则子规则中搜索，这样可以大大减小搜索空间。

Ⅲ. 实例分析。

以某医疗保险信息系统中参保单位数据表为例，来说明基于业务规则的审计数据分析方法的应用。通过对该医疗保险信息系统业务的分析，针对参保单位数据表定义的主要业务规则的伪码描述如图9-15、图9-16、图9-17所示。

```
R1:IF RTRIM ( $R_i$ ( CODE ) ,4 ) ≠ 2254 THEN
        该字段值为错误数据；
    END IF;
规则R1表示如果记录$R_i$中"邮政编码"字段值的前四位不是"2254"，
则表示该数值为错误数据，因为该城市的邮政编码前四位为"2254"。式中，
$R_i$ ( CODE ) 表示记录$R_i$中"邮政编码"字段的值，RTRIM ( $R_i$ ( CODE ) ,4 )
表示取$R_i$ ( CODE ) 的前四位数值。
R2:IF @ not in $R_i$ ( EMAIL ) THEN
        该字段值为错误数据；
    END IF;
```

图9-15　伪码描述Ⅰ

> 规则R2表示如果记录R_i中"电子邮件"字段的值中没有"@"符号，则表示该数值为错误数据。式中，R_i(EMAIL)表示记录R_i中"电子邮件"字段的值。
>
> R3: IF R_i(IFPUBLIC) $\neq$ 1 OR R_i(IFPUBLIC) $\neq$ 2 THEN
>   该字段值为错误数据；
> END IF;
>
> 规则R3表示如果记录R_i中"企业事业"字段的值不是"1"或"2"，则表示该数值为错误数据，因为"企业事业"字段的值只有两个——"1"和"2"，"1"表示该单位的性质为"企业"，"2"表示该单位的性质为"事业"。式中，R_i(IF-PUBLIC)表示记录R_i中"企业事业"字段的值。
>
> R4: IF R_i(REGISTDATE) < R_i(PASSCHECKDATE) THEN
>   该字段值为错误数据；
> END IF．

图9-16 伪码描述Ⅱ

> 规则R4表示如果记录R_i中"参保日期"字段的值小于"批准日期"字段的值，则表示该数值为错误数据。式中，R_i(REGISTDATE)表示记录R_i中"参保日期"字段的值，R_i(PASSCHECKDATE)表示记录R_i中"批准日期"字段的值。
>
> R5: IF R_i(PASSCHECKDATE) < R_i(CHECKDATE) THEN
>   该字段值为错误数据；
> END IF;
>
> 规则R5表示如果记录R_i中"批准日期"字段的值小于"审批日期"字段的值，则表示该数值为错误数据。其中，R_i(CHECKDATE)表示记录R_i中"审批日期"字段的值。
>
> 通过运行以上规则，可有效地检测出被审计数据源中不符合业务规则的错误数据。通过对这些检测出的错误数据进行审计判断，最终获得审计证据。

图9-17 伪码描述Ⅲ

Ⅳ．优缺点分析。

基于业务规则的审计数据分析方法具有简单、易用、准确度高等优点。这种方法的审计效果取决于对具体业务的分析以及定义规则的数目。

但这种方法又具有一定的局限性：它需要审计人员非常熟悉具体的业务，同时要求被审计数据的业务规则也比较容易获得。总之，从某种程度上来说，这种方法不失为一种好的审计数据分析方法。

9.4 财政绩效审计在具体实践中的应用

某集团有限责任公司20××年度省级国有资本经营预算支出项目绩效审计

(××评字〔20××〕第×××号)

某省财政厅：

根据《某省财政厅关于印发＜某省级国有资本经营预算支出项目绩效评价管理暂行办法＞的通知》(×财企〔20××〕142号)、《某省财政厅关于开展20××年度省级国有资本经营预算支出项目绩效评价工作的通知》(××财资〔20××〕224号)的规定，某会计师事务所有限公司受某省财政厅委托，组成绩效评价组对某集团有限责任公司(以下简称某集团)，贵州兴义年产30万吨硝酸铵项目国有资本经营预算支出资金(以下简称该项目)的管理、资金使用及效益情况进行了绩效评价。某集团有限责任公司对所提供的评价资料的真实性、完整性负责，其评价情况报告如下。

1. 单位及项目概况

(1) 单位基本情况

某集团是根据某省人民政府Y政复〔20××〕32号文件批复，于2006年4月29日成立的国有独资公司，由某省国防科技工业局对某集团行使国有资产出资人管理权力，法定代表人：刘××，公司注册资金：72 956万元。

经营范围：国有资产经营管理、投资、项目开发；国内贸易、物资供销；自有房屋租赁；以下经营范围限分支机构经营：机械加工；玻璃制品、生物化工产品、民爆器材的生产(依法须经批准的项目，经相关部门批准后方可开展经营活动)。

某集团下属某省内全资子公司有：某安宁化工厂、某包装厂、某燃料一厂、某燃料二厂、某海云工贸总公司、某模三机械有限责任公司。省内控股子公司有:某机二机械有限责任公司。省外控股子公司有:四川宜宾×力化工有限责任公司、西昌×盛实业有限责任公司、黔西南州乐×化工有限责任公司、海南云×民爆有限责任公司。拥有分公司:甘肃分公司、云南分公司、四川分公司和海南分公司。

(2)项目基本情况

2013年3月,经某省国防科技工业局批准,某集团与贵州某化工股份有限公司、贵州毕节某化工有限公司签订了联合投资协议,共同投资1.5亿元在贵州某市清水河镇重组贵州某化工有限公司,拟投资建设一条年产30万吨硝酸铵生产线,该生产线共投资4.2亿元。

根据《某省财政厅关于下达20××年第一批国有资本经营预算资金的通知》(×财企〔2014〕197号)文,公司收到某集团转拨省财政厅20××年第一批国有资本经营预算资金700万元。

(3)项目绩效目标

该项目的成功投产有利于平衡市场供需矛盾,使某集团摆脱外部环境控制,保证了集团内各炸药生产企业对硝酸铵原料的需求,且大大降低了硝酸铵的采购成本;该生产线达产后,每年可增加销售收入5亿元、增加利润4000万元,某集团已投入资金5250万元。

2. 项目单位绩效报告自评情况

根据《某省财政厅关于印发<×省省级国有资本经营预算支出项目绩效评价管理暂行办法>的通知》(××财企〔20××〕142号)、《某省财政厅关于开展20××年度省级国有资本经营预算支出项目绩效评价工作的通知》(×财资〔20××〕224号)的规定,某集团组织实施对20××年度贵州某年产30万吨硝酸铵项目的管理、资金使用及效益情况进行了绩效自评,并于20××年9月23日出具了《某集团有限责任公司贵州某30万吨硝酸铵项目绩效评价情况自评报告》,绩效自评综合得分为80分,自评结果为B级。

3. 绩效评价工作情况

（1）绩效评价目的

通过绩效评价，评价项目财政支出资金安排的科学性、合理性和资金使用的合规合法性及其成效，及时总结管理经验，完善项目管理办法，提高项目管理水平和资金的使用效益，并为确定以后年度的支出预算提供依据。

（2）绩效评价指标体系、评价标准和评价方法

①评价指标体系设计分一级、二级指标和评价标准、分值、自评分值、检查分值等。

②评价方法采取书面评价与实地考察相结合的方式。书面评价主要依据被评价单位提供自评书面材料组织相关专家进行评价，在此基础上进行实地考察，根据自评书面材料和实地考察情况，按评价程序由评价机构出具评价报告。

具体方法可以采用以下6种方法中的一种：目标比较法、成本效益法、历史比较法、专家评价法、问卷调查法、横向比较法，也可多种评价方法并用。

③评分办法：项目评价得分满分为100分；由绩效评价组根据评价情况，对各单个指标分别进行独立打分；总评价分为各单项指标得分总和；根据相关文件规定，按照综合得分（S）的分值确定相应的评价等次，评价等次分为A级（$S>90$）、B级（$90 \geqslant S>75$）、C级（$75 \geqslant S>60$）、D级（$S \leqslant 60$）4个评价等次。

（3）绩效评价工作过程

①前期准备。接受委托，确定绩效评价组；培训绩效评价组成员。

②组织实施。实施前期调研工作，听取相关人员情况介绍，充分了解评价项目有关情况；收集查阅与评价项目有关的政策及相关资料；根据了解到的情况和收集到的资料，并结合实地调研，制定符合实际的评价指标体系；现场评价：绩效评价人员到项目现场采取听取汇报、查看账册、收集资料、现场勘察、专家评审、社会问卷调查、座谈、查询、复核、抽查、测试等方式，对有关情况进行核实，对所掌握的有关资料进行分类、整理和分析，提出评价意见。

③分析评价。根据项目预期绩效目标设定情况,审查有关对应的业务资料;根据项目预算安排情况,审查有关对应的收支财务资料;根据业务资料、财务资料、项目具体实施情况,对项目的完成程度、执行效益或质量作出评判;在现场评价的基础上,对照评价指标体系与标准,通过分析相关评价资料,对项目绩效情况进行综合性评判并利用算术平均法计算打分;形成绩效评价工作底稿;形成评价结论并撰写评价报告。

4. 绩效评价指标分析情况

(1) 资金申请情况分析

根据项目基本情况、《关于某集团公司参与宜化集团在贵州某投资硝酸铵项目的调研报告》、贵州某硝酸铵项目联合投资协议书、董事会决议、某省国防科技工业局《关于某集团有限责任公司在贵州某合作投资硝酸铵项目的批复》×科工局运行〔20××〕78号文等资料核对、分析。

①项目目标情况分析。

某集团贵州硝酸铵项目生产目标为年产30万吨硝酸铵,项目总投资4.4亿元、达产后年实现营业收入5亿元、利润4000万元,战略目标、经营目标、财务目标等指标要件完备、内容翔实检查得分为6分。

②项目决策情况分析。

该项目于2013年2月26日某集团第二届十一次董事会决议通过,2013年3月19日经某省国防科技工业局《关于某集团有限责任公司在贵州某合作投资硝酸铵项目的批复》×科工局运行〔20××〕78号文批准立项,并制定了《贵州某硝酸铵项目联合投资协议书》,项目决策流程完善,且严格执行,检查得分为6分。

(2) 资金管理情况分析

①制度建设情况分析。

某集团除遵守国家法律法规、规章制度、政策文件外,还制定并执行了《财务收支审批制度》《国有资本与财务管理暂行办法》《资产财务部工作职能》《关于加强对外投资管理的通知》《关于进一步加强财务规范化管理的通知》《印鉴、货币资金管理制度》等内控制度，但存在管理制度不健全的情况，如未针对项目的特点制定项目管理制度和项目资金管理制度，扣除1分，检查得分为1分。

②资金到位情况分析。

某集团于2019年9月收到某省国防科技工业局拨入的省财政厅省级国有资本经营支出项目资金700万元，项目资金及时、足额到位，检查得分为7分。

③财务处理情况分析。

根据《某省财政关于下达2019年第一批国有资本经营预算资金的通知》云财企〔20××〕197号文，某集团于2019年12月把拨入的700万元国有资本经营支出项目资金，作为补充某集团国有资本的形式转作"实收资本"，财务处理合规，检查得分为2分。

④资金使用合规性。

某集团于2019年9月收到某省国防科技工业局拨入的省财政厅省级国有资本经营支出项目资金700万元，根据《某省财政关于下达2019年第一批国有资本经营预算资金的通知》×财企〔20××〕197号文，于2019年12月拨入的700万元国有资本经营支出项目资金，作为补充某集团国有资本的形式转作"实收资本"科目，资金使用与相关规定及批复文件的要求一致，检查得分为5分。

⑤资金使用情况报告。

某集团于2019年9月收到某省国防科技工业局拨入的省财政厅省级国有资本经营支出项目资金700万元，根据国有资本经营支出资金使用规定及相关规定，于2019年12月拨入的700万元国有资本经营支出项目资金，作为补充某集团国有资本的形式转作"实收资本"科目，但某集团未提供资金使用情况报告，检查得分为0分。

(3)社会效益情况分析

某集团是依据某省人民政府《某省人民政府关于组建某集团有限责任公司的批复》(×政复〔20××〕32号)、某省财政厅《某省财政厅关于某安宁化工厂等6户企业资产财务关系划转有关事项的批复》(×财企〔20××〕505号)文件精神,于2006年4月由某省国防科工局下属某安宁化工厂(某安化有限责任公司)、某包装厂、某燃料一厂(某燃一有限责任公司)、某燃料二厂(某燃二化工有限公司)、某海云工贸总公司5户企业合并成立的国有独资有限责任公司,出资人为某省国防科技工业局,公司注册资金7.2956亿元,至2012年年末,国家未补充过资本金;2013年及2019年,省财政国有资本收益分别预算拨入1000万元及700万元,专项用于某集团有限责任公司投资项目补助,省财政资金的进入,增强了某集团的投资能力,扩大了投资资金来源,为某集团发展注入了新的活力和动力;对优化国有经济结构作用明显,对加快转变发展方式,发展现代产业体系等作用明显,检查得分为39分。

(4)经济效益

某集团2019年度净资产收益率为6.29%,营业收入增长率为-10.79%,应缴税金增长率为6.11%。

2019年(投资后),某集团实现销售收入16.44亿元、净利润10 126万元、税金1794万元。

上述某集团效益下滑的原因,一方面是国家经济下滑,导致矿山开采下降,水电、交通等基础设施投入下滑,从而使社会对某集团民用爆破器材需求量下降;另一方面是爆破技术水平提高,导致民用爆炸物品需用量下降。综合考虑上述因素,经济效益检查得分为10分。

5. 评价结论

绩效评价中,经过对某集团自评报告、自评分、评价资料、财务资料和统计数据的认真分析和核查，某集团"2019年度省级国有资本经营预算支出项目"绩效评价综合得分为76.00分，评价结果为B级。

6. 绩效评价结果应用建议

（1）提高对绩效评价结果应用重要性的认识

高度重视绩效评价结果的应用工作，充分发挥绩效评价以评促管、促效能，积极探索和建立一套与预算管理相结合、多渠道应用评价结果的有效机制，努力提高绩效意识和财政资金使用效益。

（2）建立与部门预算相结合的应用机制

财政部门要加强内部协调与配合，建立与部门预算相结合的应用机制，实现绩效评价与部门预算的有机结合，促进财政资金的合理分配与有效使用。财政部门要结合评价结果，对被评价项目的绩效情况、完成程度和存在的问题与建议加以综合分析，建立评价结果在部门预算安排中的激励与约束机制，逐步发挥绩效评价工作的应有作用。评价结果优秀并绩效突出的，财政部门要在安排该项目后续资金时给予优先保障，加快资金拨付进度，或在安排该部门其他项目资金时给予综合优先考虑。评价结果为不合格的，财政部门要及时提出整改意见，暂缓已安排资金的拨款或支付，必要时要会同有关部门向区政府提出暂停该项目实施的建议。

（3）建立评价结果反馈与整改机制

评价结果反馈与整改是绩效评价工作的重要内容和组成部分。区财政局要在评价工作结束后，以正式文件或反馈书的形式，将评价项目绩效情况、存在的问题及相关建议反馈给被评价单位，并督促其落实整改，以增强绩效评价工作的约束力。被评价单位要针对项目实施中存在的问题和建议进行认真整改，并将落实整改情况以整改报告书的形式反馈区财政局。

9.5 绩效审计的改进建议

1. 建立健全的绩效管理体系

制定科学合理的绩效考核标准，结合国际先进经验，建立适用于本单位或项目的绩效评估体系，包括定量指标（如成本节约率、产出效率）和定性指标（如公众满意度、政策影响）。加强预算与绩效挂钩管理，确保绩效考核结果直接影响预算分配，对低效项目进行资金调整或削减，优化资金使用方向。

2. 提高资金使用效率，优化资源配置

推动精细化管理，引入大数据分析和信息化手段，提高资金使用透明度，实现实时监控，减少资金闲置或浪费。合理设定绩效目标，避免过高或过低的目标设定，确保绩效考核既有挑战性，又能激励各单位有效执行。完善项目管理机制，加强对项目执行过程的动态监测，提高跨部门协同管理水平，减少因沟通不畅导致的资源浪费。

3. 强化监督与问责机制

建立独立的绩效审计机构：确保绩效审计工作不受行政干预，提高审计独立性和客观性。强化违规问责制度：对绩效审计中发现的违规行为，建立明确的责任追究制度，提高管理人员的合规意识。设立公众监督渠道：公开重要项目的绩效报告，接受社会监督，提高资金使用的透明度。

4. 加强绩效审计结果的应用

将审计结果纳入决策机制，政府和企业在制定预算、规划政策时，应充分考虑绩效审计的结论和建议，确保审计成果转化为实际管理改进措施。设立绩效反馈与整改机制，对审计发现的问题，制订详细的整改计划，并定期跟踪整改进展，确保问题得到有效解决。

5. 强化人才培养与技术支持

加强审计人员培训,定期组织绩效审计培训,提高审计人员的专业技能,确保审计结果的准确性和权威性。引入智能审计工具:利用大数据、人工智能等技术手段,提高审计效率,减少人工审计的主观误差,提升审计分析的深度。

9.6 审计结论

绩效审计不仅是对财政资金使用情况的监督,更是优化管理、提高效率、促进经济可持续发展的重要工具。通过完善绩效管理体系、优化资金使用效率、强化监督问责、加强绩效审计结果应用及提升人才素养,可以确保绩效审计发挥更大的作用,为政府和企业提供科学、有效的决策依据,提高公共资源管理的透明度和公信力。

第 10 章 经济责任审计

根据某公司〔2003〕77号审计业务约定书《关于对陈××进行离任经济责任审计》的要求,公司派出审计小组,于2003年10月25日至11月15日,对陈××任某开发投资有限公司(以下简称某公司)董事长(总经理)期间的经济责任进行了审计。某公司提供了陈××任职期内的会计报表及有关资料,这些会计凭证、会计账簿、会计报表及有关资料的真实性、合法性、完整性、由某公司管理当局负责,工作的责任是在实施审计工作的基础上对这些会计凭证、会计账簿、会计报表及有关资料发表意见。依据《中国注册会计师独立审计准则》及国家有关法律法规,审计人员的工作是对陈××任职期间的经济责任履行情况进行评价。某公司有关审计情况报告内容如下。

10.1 基本情况

某公司属于集体企业,主要经营酒店餐饮、娱乐、住宿等服务业,现有职工110人,酒店下设总经理办公室、财务部、保安部、餐饮部、商务中心、销售部、洗涤部。陈××从酒店开业自2000年10月以来任某公司董事长(兼总经理)至2003年2月。

这次审计检查了陈××任某公司董事长(总经理)期间的主要经济责任,重点审计了2000年10月该公司的资产负债、损益和管理等方面的情况。

10.2 审计概况

1. 资产情况

截至2003年2月末,该公司账面资产25 874 746.86元,审计核实为24 582 975.67元,核减1 291 771.19元,减少5%,资产总额比陈××任职初增

2 365 909.33元,增11%,主要是综合楼(酒店)和新村工程投入使用,使公司总资产增值。其中流动资金1 381 113.41元,包括:现金8122.90元,银行存款7109.84元。应收及预付款项404 047.47元。其中:确认已形成坏账损失的17 099.07元。时间超过三年的呆账潜在损失148 000元,存货961 833.20元。固定资产21 979 011.76元,土地使用权和综合楼(在建工程)已抵押给银行,涉及诉讼中的财产价值。

2. 负债情况

2003年年底,该公司账面债务22 290 784.60元,审计核实数为22 361 591.31元,比陈××任职初减1%,负债率为91%,比任职初减13%。其中:流动负债5 681 591.31元,包括:短期借款860 000.00元,应付账款50 927.60元,应付工资-37 954.20元,应付福利费-1 951.80元,应交税金39 548.76元,其他应交款792.25元。长期借款16 500 000.00元,其中:工行13 000 000.00元,农行3 500 000.00元,债务余额比陈××任职初增加248 468.40元,主要是经营中流动负债增减变动,不能及时偿还债务的原因主要是财务状况恶化和经营亏损严重等。

3. 权益情况

陈××2003年2月离任时,账面反映所有者权益为3 583 962.22元,审计核实所有者权益为2 221 384.36元,与其2001年9月未任职时的103 943.44元相比,增加2 117 440.92元,增加的主要原因是2001年4月5日公司成立时,根据原××会计师事务所有限公司(2001)验字第15号验资报告,土地使用权2 554 681.00元,沙坝北路六巷50号办公室和东风路171号招待所1 000 000.00元,公司未将其作为实收资本入账。

4. 损益(盈亏)情况

(1)陈××任职期间(2001年10月至2003年2月)该公司销售收入总额3 084 864.46元,其中:酒店营业收入2 934 180.44元,新村其他收入

150 684.02元。陈××2003年2月离任时的销售收入560 625.00元,与其任职初(2000年10—12月)相比增加134 934.40元,增长32%。

(2)陈××任职期间(2001年10月至2003年2月)该公司账面反映共缴纳税金175 572.95元,审计核实数为215 913.96元,其中:2003年2月离任时缴纳税金44 835.94元,比其任职初(2001年10月)增加19 103.14元。

(3)2001年10月至2003年2月账面反映亏损总额2 733 833.95元,审计核实亏损总额为4 096 461.81元,核增1 362 627.86元,增50%,其中:离任时(2003年1—2月)实现亏损107 213.27元,与其任职初2001年10月至12月相比减少18 416.62元,减少5%。

5. 现有资料情况

统一配发的办公物品登记、管理、移交情况,以及移交清单。

6. 其他方面的审计情况

(1)财务管理混乱,制度不健全

在审计中,我们发现该公司财务管理混乱,会计人员变动频繁,在一年半的时间里已换4个会计人员,并且各做其事,会计工作前后不接续,未按《会计法》《企业会计制度》进行会计核算,做假账,编制虚假财务报告,致使会计信息失真。

(2)经济效益与效率

公司下属某大酒店,自2001年10月开业以来,由于管理混乱,亏损额逐年增加,银行借款利息负担较重,财务风险较大,由于欠工程款和货款较多,债主纷纷到法院起诉,资产被法院判决抵债,一些设备被债主拆除搬走,影响正常经营活动,企业信誉下降,经济效益下滑,公司将面临无法持续经营的状况。

(3)内控失控

财务部门从2002年8月以来,将经营收入截留一部分不入账,独立设立账外账,由少数管理领导将一些不合理开支在账外支出,体外循环逃避股东和部分董事的监督,有损于国家、集体、股东的权益,主要是内部控制制度失控造成的结果。

10.3 审计中发现的主要问题

1. 现金情况

私设"小金库"收入不入账,私自留存,用于不合理的开支。

其中:

(1) 2002年9月支付越南项目考察经费7884.00元;

(2) 2002年5月至8月到昆明办理公司业务发票支出3616.86元;

(3) 2002年9月26日支付项目评估费用2000元。

2000年9月12日收某州××房地产有限公司赔还现金100 000.00元,支付廖×祥灯具、电器款。

以上共计支出113 500.86元,经手单、内部收款收据等不真实,合法原始单据报销列入成本费用。大宗商品交易用现金支付,不实行转账结算,金额10万元以上。

2. 银行存款情况

(1) 账账不符:总账与明细账不相符。

(2) 多个银行开户:该公司在某行分理处、县×社、工行×分理处、农行×分理处、银行存款借记卡共计4个银行账户和1个私人账户性质银行存款借记卡,现金收入不存入基本账户,而是存入私人账户性质的借记卡,逃避监督和检查。

(3) 会计核算基础薄弱,不设银行存款日记账,会计处理不合规,银行存款总计及明细账出现红字。

公司在货币资金管理中违反《现金管理暂行条例》和《会计法》第四十二条(二)和"设会计账簿的"及《公司法》第十八条规定:公司除法定的会计账册外,不得以任何个人名义开立账户存储。

3. 存货情况

(1)2002年3月1日,74—76#摊销客户部1月低值易耗品,无客户部领料实物负责人签字。

(2)固定资产列入低值易耗品431 181.00元,公司将配电箱变压器、设备等固定资产列入低值易耗品,未计提折旧,虚增利润,应作调整。

借:固定资产431 181.00元

　　—配电箱109 710.00元

　　—厨具设备34 818.00元

　　—程控交换器2130.00元

贷:低值易耗品431 181.00元

盘亏存货124 390.83元,主要是财务与仓库工作人员未及时对账,账实不符,调整冲减原材料、库存商品、低值易耗品。

4. 固定资产未提折旧,盈亏不实

该公司酒店开业以来,固定资产一直未计提折旧,与在建工程转入固定资产一并计提折旧。

借:以前年度损益调整868 673.92元

贷:累计折旧868 673.92元

综合楼在建工程16 392 596.93元,已竣工交付使用,未转入固定资产公司综合楼2001年10月开业至今已经2年,由于拖欠工程款承包方向法院提起诉讼,竣工验收资料不齐原因,工程尚未决(结)算,在建工程一直未转入固定资产,暂按在建工程账面价值转入固定资产,等决算后再作调整。

借:固定资产——综合楼15 907 536.58元

贷:在建工程——综合楼工程15 907 536.58元

5. 预付工程价款的支付手续不真实不合法

经审计发现,在建工程包括设备材料电器18 009 472.34元,公司支付工款给承包方，承包方收到预付工程价款后出具正式收据（发票）10 869 900.56元，其中：综合楼工程8 839 900.56元，新村工程2 030 000.00元，以白条列入在建工程成本。

支付综合楼工程和新村工程主体8 361 900.56元。

购买工程材料、物资、设备、电器等大宗商品2 508 000.00元未获取销货单位的销售发票，以内部收款收据等白条报销，原始单据不真实、不合法。

(1)购买某实业股份有限公司物资公司钢材60 000.00元；

(2)购买某电梯有限公司电梯850 000.00元；

(3)购买某热水炉厂驻昆办锅炉228 000.00元；

(4)购买某公司灯具、电机830 000.00元；

其中：廖×祥670 000.00；田×160 000.00元；

(5)支付某厨房设备有限公司150 000.00元；

(6)支付晁×明陶瓷款100 000.00元；

(7)支付李×卫生洁具款110 000.00元；

(8)支付某市百货公司杨×床上用品180 000.00元。

以上支付工程价款和购买大宗商品，未取得合法收据（发票）承包方和销货方偷漏国家税收916 332.62元(916 332.67＝0.0843×10 869 900.56)，违反了《中华人民共和国会计法》第四十二条第(三)款，"未按照规定填制取证原始凭证或者填制、取证的原始凭证不符规定的"。

6. 已交付工程出现工程成本不合规

在建工程已交付使用，借款利息支出列入工程成本，综合楼已交付使用，银行借款利息支出364 730.35元，(其中2001年10—12月284 681.35元，2002年1—6月62 049.00元)计入在建工程成本，不符合《企业会计制度》的规定，调整为，

借:以前年度损益调整 346 730.35 元

贷:在建工程——综合楼工程 346 730.35 元

7. 税金支付不符合税法规定

代承包方支付综合楼税金 138 330.00 元进入工程成本按税法规定,代承包方支付的税金,纳税人是承包方,因此应从预付工程款中扣除,或者转作承包方的应收款,调整为,

借:其他应收款 138 330.00 元

　　张×47 400.00 元

　　史×37 920.00 元

　　李×坤 23 700.00 元

　　李×29 310.00 元

贷:在建工程——综合楼工程 138 330.00 元

8. 提供虚假财务报告

该公司从 2002 年 8 月至 2003 年 1 月,不依法设置会计账簿,私设会计账簿,隐瞒销售收入 626 666.80 元,偷漏国家税收 40 340.93 元,其中:营业税 26 408.34 元、城建税 1320.34 元、教育费附加 792.25 元、房产税 11 820.00 元,收入不入账私自留存,用于不合理的开支 584 857.90 元。审计中将账外收支并入账内,进行账务调整。

借:银行存款——YT 借记卡 9119.66 元

　　现金 63 154.94 元

贷:其他应付款——代收代缴费,押金 30 465.70 元

应交税金 39 548.76 元

其他应交款——教育费附加 1320.42 元

以前年度损益调整 1467.89 元

9. 会计机构设置不合理，会计主体不明确

该公司第一经济管理改制组建于2001年4月5日，在某市工商局注册登记，成立某开发投资有限公司。酒店自2001年10月开业以来未办理营业执照，一直以公司的名义经营，并独立设置会计机构，配备财务人员，从审计情况来看公司主要以酒店的经营为主体，公司将综合楼在建工程、现金、银行存款、银行借款、存货转入酒店。从此，公司与酒店单独核算，根据委托方的要求，离任审计包括公司和酒店。要对公司与酒店的会计报表进行合并，涉及内部往来互相抵消，抵消分录如下。

借：其他应付款——公司 60 000.00 元

贷：其他应收款——酒店 60 000.00 元

借：应付工资——公司（支会酒店）18 997.10 元

贷：其他应收款——酒店（黄×萍借款）18 997.10 元

借：应付账款——酒店 84 513.55 元

贷：其他应收款——酒店 84 513.55 元

其他需要说明的问题包括如下。

新村在建工程总支出 2 101 935.76 元，其中：主体工程支出 2 030 000.00 元，前期费用 71 935.76 元。该工程由谭×承建，工程已竣工，由于竣工验收资料不齐，截至审计日期工程未结算，审计中我们发现整个工程支出都是白条。经审计人员现场查勘，认为工程成本造价高，应引起该公司高度重视。

公司未审计合并会计报表货币资金 –57 041.86 元，以前年度结转下来，审计人员对2001年9月以前货币资金未审计程序，按公司账面记录反映。

该公司的账面记录注册资金为 6 305 046.08 元，在公司登记机关登记注册资本为 390 000.00 元，实有资金比注册资金数额超20%来办理变更登记。

该公司会计核算不规范，审计程序受到一定程度的限制无法发表委托方满意的审计意见。

10.4 审计评价及建议

1. 审计评价

审计认为,陈××在任某开发投资有限公司董事长(总经理)期间,该单位财务状况及经营成果是不真实的,经济活动是不合规合法的,内控制度不健全,内控制度执行无效,集体净资产减值幅度大。资产负债率高,流动比率和速动比率低,经济效益差。

2. 审计建议

对审计中发现的该公司在经营活动及管理方面存在的问题,提出以下建议。

加强财务管理工作,建立和完善内部控制管理制度,使公司会计基础工作规范化。

① 为了便于管理,设置一个会计机构将公司和酒店统一核算,实行备用金报账制。

② 对收入未入账,私自留存,用于不合理的开支 584 857.90 元,责令财务部门将支出情况书面报告公司董事会审议通过,合法支出报销,非法支出不予报销,转为直接责任人员应收款,追究其经济责任。

③ 综合楼和新村在建工程和购买材料、设备、电器、家具等大宗商品支出 10 869 900.56 元,未取得商品交易唯一合法凭证发票,建议移交司法机关查处。

④ 建议新村在建工程依法进行基建审计。

⑤ 对违反《会计法》第四十条第(一)(二)(三)(六)款的直接责任人员报主管机关依法处罚和追究责任。

第 11 章　企业财务收支情况的专项审计

11.1　企业基本情况

某文化有限公司经×区市场监督管理局核准并于 2001 年 6 月 11 日成立；注册资本 20 000 万元人民币；类型：有限责任公司；法定代表人：张 YN；经营范围：殡葬礼仪、骨灰寄存及信息咨询服务；殡葬用品、工艺美术品（不含金银首饰）、服饰销售；苗木、花卉出租、销售；园林设计，承接绿化工程。（依法须经批准的项目，经相关部门批准后方可开展经营活动）

11.2　审计中发现的问题

1. 公司会计核算违反国家法律规定

公司分内、外两套账核算，违反了我国《会计法》《公司法》的规定。

2. 利润分配的调整没有相关的依据

经检查发现，3 月 64 号凭证、3 月 65 号凭证和 12 月 216 号凭证对未分配利润进行了调增、调减处理，但没有看到股东会或者董事会的相关批准文件，故我们认为调增、调减处理的依据不足，应当反向调整回来。其结果是未分配利润应调减 34 996 134.70 元。

3. 记账凭证后没有相关的附件

经检查发现，有多张记账凭证后没有相关的附件，如 3 月 64 号凭证，树木盘点入账、结转自前一年应付未付，金额 33 935 066.86 元；3 月 23 号凭证，补录转入固定资产，金额 22 594 672.52 元；12 月 216 号凭证，结转未发以前年度工资，金额 2 011 284.16 元。

根据《会计基础工作规范》,除结账和更正错误的记账凭证可以不附原始凭证外,其他记账凭证必须附有原始凭证。

4. 资金流出企业、重大事项的凭证没有相应的审批

经检查发现,有多张原始凭证没有经过审批,如3月64号凭证,树木盘点入账、结转自前一年应付未付,金额33 935 066.86元;3月65号凭证,调整科目不符结转,金额1 012 928.32元;4月104号凭证,取现金金额790 000.00元。

5. 频繁出现冲销凭证

经检查发现,有多张记账凭证作冲销处理,凭证后面没有原始凭证,没有说明为什么要冲销。如2月2号凭证,冲凭证1-113号计提1月工资,金额483 590.16元;5月4号凭证,冲4月计提工资,金额421 105.94元;7月5号凭证,冲凭证6-162号计提6月工资,金额420 733.34元。

6. 非本期的银行凭证处理在本期

经检查发现,有多张非本期的银行凭证处理在本期。如4月2号凭证,与银行的收付,金额2 850 000.00元;4月55号凭证,取现金,金额620 000.00元;6月54号凭证,收往来款,金额360 000.00元。

银行凭证应该处理在业务发生的当期,不然与出纳、与银行无法核对。

7. 成本效益分析

成本效益统计描述性分析如表11-1所示。

表11-1 成本效益统计描述性分析

	均值	标准差	最小值	最大值
净利润	13.6960	13.3541	0	14.3384
税金及附加费	12.9946	12.1083	12.2386	13.6247
营业成本	13.0341	12.0522	12.5161	13.6725

续表

	均值	标准差	最小值	最大值
销售费用	13.4562	11.9208	13.1398	13.8322
管理费用	12.5604	12.7537	0	13.6465
财务费用	10.9975	11.19260	0	12.2618

（1）由于数据分析的需要，对原始数据取数学自然对数。

（2）从均值、标准差、最小值、最大值来看，除净利润、管理费用、财务费用的最小值为零外，税金及附加、营业成本、销售费用的变量值比较均匀。说明成本费用相对稳定，公司正常经营，并获取利润（表11-2）。

表11-2 成本效益相关关系

	净利润	税金及附加	营业成本	销售费用	管理费用	财务费用
净利润	1.0000					
税金及附加费	0.7679	1.0000				
营业成本	0.4242	0.8231	1.0000			
销售费用	0.3688	0.4838	0.5408	1.0000		
管理费用	-0.4826	0.0429	0.1715	0.0013	1.0000	
财务费用	-0.0625	0.2571	0.3601	0.2456	0.2449	1.0000

（3）企业的利润与税金及附加费的相关系数为76.79%，体现国家的宏观财政税收政策和企业税负。

（4）企业的利润与营业成本和销售费用的相关关系为中度相关，相关系数符号为正，说明公司需要加强这两项成本和费用的控制。

（5）企业的利润与管理费用和财务费用成负相关关系，说明企业公司内部管理正常（表11-3）。

表11-3　成本效益回归分析

变量	净利润
常数	78469.38
	(-0.24)
税金及附加	3.977779***
	(6.01)
营业成本	-1.660929*
	(-2.20)
销售费用	0.3657067
	(0.68)
管理费用	-0.7787429***
	(-3.81)
财务费用	-0.9631754
	(-0.95)
N	12
Adj R-squared	87.6%

注：括号内是 t 值，***、**、* 分别表示1%、5%、10%的显著性水平。

R 值为87.6%，模型拟合度较高，t 统计量解释能力较强，解释变量营业成本和管理费用的系数分别为 -1.660929、-0.7787429。并通过1%、5%、10%的统计性显著性检验，说明公司的成本、费用管理和控制是有效的，有利于增加公司的利润。特别需要说明的是，销售费用的系数不显著为正，并没有通过5%统计性显著性检验。公司在销售环节存在一定的问题，需要加强对销售部门和市场营销人员的管理，控制销售费用，提高公司的盈利能力。

上述分析得出：公司的财务管理工作中，销售环节存在问题，应加强对销售部门和市场营销人员的管理，控制销售费用支出，提高公司的盈利能力。

财务指标分析体现如下几方面。

(1) 变现能力指标

①流动比率 1.33；

②速动比率 0.03；

③流动资产负债比 10%。

以上三个指标与国际标准 2、1、40% 相比较，差距较大，公司的资金流动性有待提高。

(2) 资产管理效率指标

①存货周转率 0.06；

②存货周转天数(天)5551；

③应收账款周转率 33.15；

④应收账款周转天数 11；

⑤流动资产周转率 0.20；

⑥总资产周转率 0.19。

以上除存货周转天数(天)5551 异常外，其他资产管理指标正常。

(3) 产权指标

①资产负债率 70%；

②产权比率 0.30。

以上两个指标正常。

(4) 盈利能力指标

①销售毛利率 81%；

②资产利润率 6%；

③资本报酬率 51%。

从以上三个盈(获)利指标来看，公司盈利能力较强。

11.3 审计情况

经审计,2016年公司的财务状况、经营成果如下。

1. 经审计调整后的财务状况

经审计调整后,截至2016年12月31日,该公司的资产总额为175 406 822.68元,负债总额为123 634 723.90元,所有者权益为51 772 098.78元。各资产、负债和所有者权益项目期末状况详细说明如下。

(1)货币资金期末余额3 117 553.27元,其中:库存现金11 487.24元,银行存款3 106 066.03元。

(2)应收账款期末余额1 012 928.32元。

(3)预付账款期末余额9 388 433.18元。

(4)其他应收款期末余额51 644 023.25元。

(5)存货期末余额98 791 861.11元。

(6)长期股权投资期末余额1 800 000.00元。

(7)固定资产期末余额9 611 759.55元,其中原值43 042 321.37元,累计折旧33 430 561.82元。

(8)长期待摊费用期末余额40 264.00元。

(9)短期借款期末余额30 000 000.00元。

(10)应付账款期末余额6 854 988.28元。

(11)应付职工薪酬期末余额4 024 877.11元。

(12)应交税费期末余额639 498.87元。

(13)其他应付款期末余额82 115 359.64元。

(14)实收资本期末余额20 000 000.00元。

(15)未分配利润期末余额31 772 098.78元。

2. 经审计调整后的经营成果

2016年度,公司营业收入为33 730 568.10元,营业成本为6 427 505.16元,营业税金及附加为716 699.17元。

销售费用为 5 588 301.45 元,管理费用为 8 377 666.03 元,财务费用为 3 357 352.19 元,投资收益为 104 599.80 元,营业收入为 760 048.60 元。

利润总额为 10 127 662.50 元,所得税费用为 62 865.55 元,净利润为 10 064 796.95元。

11.4 审计意见

根据某公司的委托要求,实施了必要的审计程序,在审计过程中,对发生的原始凭证的真实性、合法性,财务数据实证、指标进行分析,有针对性地对发现存在的问题、应对策略和措施提出以下建议和意见。

(1)公司的财务管理和会计核算,遵守国家的会计法规、准则,规范公司的财务管理工作,控制公司政治、市场等带来的不可控风险的影响,提高公司的持续经营的能力。

(2)公司财务管理人员,加强和提高财务管理的理论水平和专业技能,使公司的财务管理工作达到一个新的高度,公司的会计信息真正作为高管层经营决策的依据。

(3)要正确反映公司的利润,使全体投资者客观、真实地对经营成果享有正当分配权。

(4)会计核算规范化,原始单据、记账凭证、电子账、报表,公司相关的财务人员都要签字,以示明确责任。

(5)公司的高管人员、职业经理人应正当履行其职责,使公司内部管理控制制度得到正确的贯彻执行,在这里主要是要完善公司内部授权审批制度。

(6)公司的成本效益问题,加强公司存货的进、销、存的管理工作,提高流动资金的运营效率;对公司销售部门的市场营销人员和销售费用监管,降低销售费用,提高公司的盈利能力。

第 12 章 企业经济效益审计

根据某(集团)有限公司云铜审〔2004〕1号文关于《对某矿务局进行审计的通知》，由公司审计部组织(某会计师事务所参加实施)，于2004年8月5日至2004年8月20日到某矿务局进行经济效益审计。审计组按工作计划开展了对某矿务局2003年和2004年1—6月的资产、负债、所有者权益的财务状况和经营效益情况的审计工作，并在实施过程中抽查有关会计凭证和了解核实有关情况。现审计实施工作已完成，报告材料如下。

12.1 基本情况

某矿务局(以下简称矿务局)是某(集团)有限公司下属的主要原料生产企业。主营业务为铜矿开采、精选。设计采选能力为9000吨/日，主产品为铜精矿含铜及其附属元素金、银、铁等。附属业务有汽车运输、机械加工修理等。矿务局所属共有5座矿山，两个选厂以及运输、机修、后勤供应等部门，均为二级独立核算单位。由局本部汇总各二级核算单位会计报表，年度合并会计报表范围为局本部汇总报表和矿务局控股的某铜业有限公司会计报表。

纳入合并会计报表单位某铜业有限公司是矿务局控股企业。该公司为矿务局和某县投资公司共同投资组建。生产能力为年生产粗铜18 000吨的铜冶炼加工企业。注册资本12 000万元，其中：矿务局投资8000万元，占股权66.7%，易门县投资公司4000万元，占股权33.3%。

1999年矿务局争取了债转股改制政策。2000年5月16日，某(集团)有限公司、矿务局、某管理公司签订《债权转股权协议》。按协议规定，某管理公司以受让的中国国家开发银行和中国建设银行，对矿务局贷款债权中的43 009

万元转为拟新成立的新公司股权。协议尚未执行，但矿务局已将43 009万元转入实收资本。

2000—2002年矿务局完成所属四个二级法人企业QBL矿、SJC矿、SZS矿和LCG矿的政策性关闭破产手续。某中级人民法院于2003年1月13日宣告上述四家单位进入破产还债程序，2月20日由清算组接管。同年9月25日破产终结，同时矿务局对企业内部进行了企业改制。实行主、辅分离，将局所属的附属生产二级企业进行改制剥离。医院、学校交由地方政府，但目前仍由矿务局托管。企业内部加强了预算化管理，实行内部生产单位模拟法人核算办法，使生产经营重心下移，增强职工的市场意识和风险意识。2003年和2004年1—6月在矿务局全体职工努力下，生产经营取得了比较好的成绩，同时获得了一定的经济效益。

2003年平均职工人数为5131人，四座矿山破产及改制后，截至2004年6月30日，平均职工人数1963人。

12.2 审计内容

1. 2003年生产、经营审计情况

2003年，矿务局工作面临生产经营和四座矿山政策性关闭破产实施以及终结等复杂的工作局面，因此主要产品产量及技术经济指标的统计含有四座破产矿山的指标在内，而销售收入和利润已不含四座破产矿山的财务数据。

（1）2003年生产完成情况

①矿务局全年生产铜精矿含铜24589.646吨，完成年计划106.91%。其中：自产18750.848吨，完成年计划的103.03%；外购加工4 746.983吨，完成年计划的118.67%；代加工1091.815吨，完成年计划的136.48%。铜精矿品位24.404%，完成年计划的93.22%，选矿回收率93.315%，完成年计划的101.05%。

某铜业有限公司全年生产粗铜8514.72吨，粗铜含金93.513千克，粗铜含银10929.43千克，委托加工粗铜3803.746吨，硫酸36609.16吨。

②主要产品产量及技术经济指标完成情况,见表12-1。

表12-1 主要产品产量及技术经济指标完成情况

序号	指标名称	单位	2002年实际完成	2003年实际完成	比去年同期增减/%	完成计划/%
1	生产精矿含铜	吨	27 691.7	24 589.646	−11.2	106.91
2	其中:自产	吨	18 491.6	18 750.848	1.4	103.03
3	其中:代加工	吨	793.98	1 091.815	37.51	136.48
4	其中:外购	吨	8 406.1	4 746.983	−43.53	118.67
5	销售精矿含铜	吨	28 527.349	26 689.606	−6.44	
6	粗铜	吨	15 840.183	12 318.466	−22.23	
7	粗铜含金	千克	307.182	93.513	−69.56	
8	粗铜含银	千克	10 382.991	10 929.43	5.26	
9	受托加工粗铜	吨				
10	硫酸	吨	40 191.484	36 609.16	−8.91	
11	铜原矿品位		0.753%	0.827%	0.07	99.68
12	铜精矿品位		23.932%	24.404%	0.47	93.22
13	选矿回收率		92.406%	93.315%	0.91	101.05
14	销售收入	万元	65 760.67	52 865.82	−19.61	
15	实现利润	万元	261.01	−345.83	−232.50	
16	资产负债率		67.44%	59.41%	−8.03	
17	流动比率		58.18%	62.2%	4.02	
18	应收账款周转率	次	6.78	26.07	19.29	
19	存货周转率	次	3.85	3.71	−0.14	
20	资本收益率		0.26%	−0.7%	−0.96	
21	资本保值增值率		100.36%	99.27%	−1.09	
22	销售利润率		0.3%	−0.65%	−0.95	

(2) 2003年经营审计情况

2003年矿务局处于产业结构变化的一年,实施了四座资源枯竭矿山关闭破产的工作,四座矿山在关闭破产期间实行了破产不停产,进行生产自救,独立核算。四座矿山关闭后利用一部分资源和矿产使用权,又由某(集团)有限公司投资500万元和自然人集资入股重组了某有色金属公司,该公司领导班子由矿务局兼任,两块牌子、一班人员,为独立法人、独立会计主体,不纳入矿务局核算。

2003年下半年处于铜价上涨的好形势,矿务局汇总单位实现了一定的利润,但由于过去是老矿,遗留问题比较多,特别是四座矿山原形成的债务无法偿还,故在当期利润中消化了一部分。长期投资中的损失也消化了一部分。

具体情况是矿务局2003年完成销售收入(不含税)411 811 215.06元,实现主营业务利润54 388 270.12元。收到财政补贴1 670 000.00元,营业外收入1 333 452.20元(为处置固定资产净收益及其他)。营业外支出5 582 705.41元,投资损失16 615 923.24元(其中:深圳某贸易公司损失7 586 877.03元;某冶化厂损失540 066.64元;某水泥厂损失4281.42元;某红砖厂损失150 448.81元;某铜业有限公司损失8 334 249.34元)。最终形成利润总额648 720.89元,比上年同期减利945 588.86元。

影响利润的情况分析如表12-2、表12-3、表12-4、表12-5所示。

①销售数量变动,成本增减及销售价格变化对利润的影响。

表12-2 铜精矿含铜

	2002年度数据	2003年度数据	比上年同期增减(+ -)	比上年同期增减利
销售量/吨	28 527.35	26 689.61	-1 837.74	-1 026 508.11
单位销售价/元	9134.45	10 331.97	1197.52	31 961 336.98
单位销售成本/元	8575.88	9373.82	797.94	-21 296 704.21
合计				9 638 124.66

注:单位销售价为年平均售价(不含税)

说明:表格中最后一列是根据财务公式计算所得,数据准确无误。

表12-3 铜精矿含银

	2002年度数据	2003年度数据	比上年同期增减(+-)	比上年同期增减利
销售量/千克	62 399.70	22 912.16	-39 487.54	-5 189 846.99
单位销售价/元	753.22	800.95	47.73	1 093 597.49
单位销售成本/元	621.79	583.54	-38.25	876 390.20
合计				-3 219 859.30
注:单位销售价为年平均售价(不含税)				

说明:表格中最后一列是根据财务公式计算所得,数据准确无误。

表12-4 铜精矿含金

	2002年度数据	2003年度数据	比上年同期增减(+-)	比上年同期增减利
销售量/千克	219.15	205.74	-13.41	-279 956.28
单位销售价/元	46 296.71	62 971.90	16 675.19	3 430 820.29
单位销售成本/元	25 420.03	13 043.33	-12 376.70	2 546 431.76
合计				5 697 295.77
注:单位销售价为年平均售价(不含税)				

说明:表格中最后一列是根据财务公式计算所得,数据准确无误。

表12-5 铁精矿

	2002年度数据	2003年度数据	比上年同期增减(+-)	比上年同期增减利
销售量/吨	208 184.89	288 430.12	80 245.23	5 550 562.70
单位销售价/元	92.23	107.95	15.72	4 534 121.52
单位销售成本/元	23.06	21.06	-2.00	576 860.24
合计				10 661 544.46
注:单位销售价为年平均售价(不含税)				

说明:表格中最后一列是根据财务公式计算所得,数据准确无误。

②经营费用、管理费用、财务费用的变化对利润总额的影响。

经营费用:2003年矿务局支出经营费用9 296 430.64元,比上年同期增加3 014 387.56元,减利为3 014 387.56元。

管理费用:2003年矿务局支出管理费用28 005 628.44元,比上年同期减少10 572 618.31元,增利为10 572 618.31元。主要为四矿破产一部分费用已列入破产清算费用中处理,故而减少。

财务费用:2003年矿务局支出财务费用8 508 365.13元,比上年同期减少4 124 355.78元,增利为4 124 355.78元,主要是破产矿山生产自救中使用矿务局贷款资金交回一部分贷款利息进行冲减所致。

③营业外收入、支出及其他因素对利润总额的影响。

营业外收入减少4 221 198.65元,减利为4 221 198.65元。

营业外支出增加5 288 709.27元,减利为5 288 709.27元。主要为辅助后勤单位改制形成矿务局的债权损失。

投资损失增加16 615 923.24元,减利为16 615 923.24元。主要为深圳某贸易公司损失7 586 877.03元;某冶化厂损失540 066.64元;某水泥厂损失4 281.42元;某红砖厂损失150 448.81元;某铜业有限公司损失8 334 249.34元。

其他业务利润减少67 577.00元,减利为67 577.00元。

④2003年合并报表按权益法并入某铜业有限公司投资损失,合并后利润总额为亏损3 458 313.14元。

2. 2004年1—6月生产、经营审计情况

(1)2004年1—6月生产完成情况

①矿务局1—6月生产铜精矿含铜14 823.904吨,完成年计划的55.73%,其中:自产11347.469吨,完成年计划的53.03%,代加工646.7吨,完成年计划的53.89%,外购2672.583吨,完成年计划的66.81%,铜原矿品位0.805%,完成年计划的99.55%,铜精矿品位23.929%,完成年计划的95.48%,选矿回收率92.722%,完成年计划的99.45%。

②主要产品产量及技术经济指标完成情况见表12-6。

表12-6 主要产品产量及技术经济指标完成情况

序号	指标名称	单位	2003年1—6月实际完成	2004年1—6月实际完成	比上年同期增减/%	完成计划/%
1	生产精矿含铜	吨	11 481.2	14 823.904	29.11	55.73
2	其中:自产	吨	8 878.014	11 347.469	27.82	53.03
3	其中:代加工	吨	491.846	646.70	31.48	53.89
4	其中:外购	吨	2111.343	2672.583	26.58	66.81
5	达亚	吨		157.152		
6	销售精矿含铜	吨	11 434.378	18 306.1	60.1	
7	粗铜	吨	3690.741	4971.601	34.70	
8	粗铜含金	千克	59.309	23.485	-60.40	
9	粗铜含银	千克	4044.576	1969.148	-51.31	
10	受托加工粗铜	吨	559.22	1250.858	123.68	
11	硫酸	吨	12 861.36	14 287.243	11.09	
12	铜原矿品位		0.812%	0.805%	-0.007	99.55
13	铜精矿品位		25.09%	23.929%	-1.16	95.49
14	选矿回收率		93.773%	92.722%	-1.05	99.45
15	销售收入	万元	17 985.71	46 142.33	156.55	
16	实现利润	万元	-157.34	1841.48	1 270.38	
17	资产负债率		69.15%	65.66%	-3.49	
18	流动比率		43.63%	61.20%	17.57	
19	应收账款周转率	次	9.61	27.60	17.99	
20	存货周转率	次	1.36	2.91	1.55	
21	资本收益率		-0.96%	3.04%	4.00	
22	资本保值增值率		99.64%	104.19%	4.55	
23	销售利润率		-3.24%	3.99%	7.23	

(2)2004年1—6月经营审计情况

2004年1—6月完成主营业务收入453 382 370.11元,实现主营业务利润76 142 892.76元,财政补贴收入835 000.00元,营业外收入122 711.00元,营业外支出15 828 001.78元,投资损失8 509 918.23元,最终形成利润总额15 433 884.70元,与2003年同期比较增利8 514 678.87元,影响利润因素分析如表12-7、表12-8、表12-9、表12-10、表12-11、表12-12、表12-13、表12-14所示。

①销售数量变动、成本增减及销售价格变化对利润的影响。

表12-7 铜精矿含铜

	2003年1—6月数据	2004年1—6月数据	比上年同期增减(+-)	比上年同期增减利
销售量/吨	11 434.38	20 732.93	9 298.55	7 712 402.51
单位销售价/元	9 661.20	17 374.80	7 713.60	159 925 505.71
单位销售成本/元	8 831.78	13 967.94	5 136.16	-106 487 630.34
合计				61 150 277.88

注:单位销售价为年平均售价(不含税)。

说明:表格中最后一列是根据财务公式计算所得,数据准确无误。

表12-8 铜精矿含银

	2003年1—6月数据	2004年1—6月数据	比上年同期增减(+-)	比上年同期增减利
销售量/千克	9 931.76	10 095.60	163.84	36 513.16
单位销售价/元	775.20	1 071.97	296.77	2 996 070.32
单位销售成本/元	552.34	2 432.88	1 880.54	-18 985 173.98
合计				-15 952 590.50

注:单位销售价为年平均售价(不含税)。

说明:表格中最后一列是根据财务公式计算所得,数据准确无误。

第12章 企业经济效益审计

表12-9 铜精矿含金

	2003年1-6月数据	2004年1-6月数据	比上年同期增减(+-)	比上年同期增减利
销售量/千克	92.577	131.10	38.52	1 377 923.19
单位销售价/元	57 622.34	81 634.44	24 012.10	3 147 914.27
单位销售成本/元	21 850.71	38 277.45	16 426.74	-2 153 496.33
合计				2 372 341.13
注:单位销售价为年平均售价(不含税)

说明:表格中最后一列是根据财务公式计算所得,数据准确无误。

表12-10 铁精矿

	2003年1-6月数据	2004年1-6月数据	比上年同期增减(+-)	比上年同期增减利
销售量/吨	89 845.73	135 825.91	45 980.18	3 667 838.88
单位销售价/元	99.69	194.00	94.31	12 809 741.57
单位销售成本/元	19.92	23.43	3.51	-476 748.94
合计				16 000 831.51
注:单位销售价为年平均售价(不含税)

说明:表格中最后一列是根据财务公式计算所得,数据准确无误。

表12-11 粗铜

	2003年1-6月数据	2004年1-6月数据	比上年同期增减(+-)	比上年同期增减利
销售量/吨	1741.62	1734.86	-6.76	-722.39
单位销售价/元	12 743.15	22 151.03	9407.88	16 321 382.92
单位销售成本/元	12 636.24	22 782.64	10 146.40	-17 602 613.94
合计				-1 281 953.41
注:单位销售价为年平均售价(不含税)

说明:表格中最后一列是根据财务公式计算所得,数据准确无误。

表12-12 粗铜含金

	2003年1-6月数据	2004年1-6月数据	比上年同期增减(+-)	比上年同期增减利
销售量/千克	46.72	13.616	-33.10	7682.78
单位销售价/元	67 984.36	93 807.39	25 823.03	351 606.38
单位销售成本/元	68 216.44	88 552.65	20 336.21	-276 897.84
合计				82 391.32

注:单位销售价为年平均售价(不含税)

说明:表格中最后一列是根据财务公式计算所得,数据准确无误。

表12-13 粗铜含银

	2003年1-6月数据	2004年1-6月数据	比上年同期增减(+-)	比上年同期增减利
销售量/千克	3259.108	1992.421	-1266.69	15 706.92
单位销售价/元	869.92	1177.76	307.84	613 346.88
单位销售成本/元	882.32	1146.56	264.24	-526 477.33
合计				102 576.47

注:单位销售价为年平均售价(不含税)

说明:表格中最后一列是根据财务公式计算所得,数据准确无误。

表12-14 冰铜含银

	2003年1-6月数据	2004年1-6月数据	比上年同期增减(+-)	比上年同期增减利
销售量/千克	40.904	151.797	110.89	14 416.09
单位销售价/元	11 689.56	20 692.58	9 003.02	1 366 631.43
单位销售成本/元	11 559.56	20 325.47	8 765.91	-1 330 638.84
合计				50 408.68

注:单位销售价为年平均售价(不含税)

说明:表格中最后一列是根据财务公式计算所得,数据准确无误。

②经营费用、管理费用、财务费用变化对利润总额的影响。

经营费用:2004年1—6月支出5 405 892.41元,比上年同期增加支出2 635 887.52元,减利2 635 887.52元,主要为增加运输费用120.53万元,装卸费2.92万元,广告费1万元等。

管理费用:2004年1—6月支出32 222 708.71元,比上年同期增加支出21 802 001.57元,减利21 802 001.57元,主要是2004年1—6月工资比上年同期增加支出1165万元,资源补偿费、研究开发费的增加。

财务费用:2004年1—6月支出9 086 787.71元,比上年同期增加支出6 246 148.09元,减利6 246 148.09元。主要是2003年实际进成本的财务费用金额为6 764 089.55元。经测算财务费用利息支出应为10 386 227.37元相差3 622 137.82元。主要原因是当年生产自救收取了部分资金占用费,冲减了财务费用。实际2004年预提贷款利息为多进3 332 524.70元。

③营业外收、支及其他因素对利润的影响。

营业外收入:2004年1—6月比上年同期减利690 964.00元。

营业外支出:2004年1—6月比上年同期减利15 796 632.38元,主要为支付某学校经费6 598万元,处理FX公司借款457.38万元,LF厂借款140万元,某家具公司欠款68.99万元,某矿老区赔款200万元,处理固定资产净损失15.12万元,某磷酸氢钙厂借款11.2万元等。

投资损失:2004年1—6月比上年同期减利8 507 918.23元。

其他业务利润:2004年1—6月比上年同期增利3 526 821.10元。

④2004年1—6月合并报表按权益法并入某铜业有限公司投资收益,合并后利润总额为19 905 194.23元。

除上述分析外,扣除2003年已处理的(以下Ⅰ—Ⅱ)。

Ⅰ.股权投资损失16 615 923.24元。

Ⅱ.坏账损失5 307 596.21元。

a.矿务局投资DX公司代管的一个厂,发生经济纠纷,法院执行由DX公司归还。该公司向矿务局借款114 675.46元,无法偿还,列为损失。

b. 辅助后勤单位改制，资产按中介机构评估净资产进行处置。各改制单位对矿务局产生的债务无法偿还，形成矿务局债权损失 5 192 920.75 元。

Ⅰ—Ⅱ合计 21 923 519.45 元。实际 2003 年矿务局应实现利润总额为 22 572 240.34 元，合并报表利润总额应为 18 465 206.31 元。

扣除 2004 年已处理的（以下Ⅰ—Ⅲ）。

Ⅰ. 处理 LF 厂长期股权投资损失 8 557 243.70 元。

Ⅱ. 以前年度少结转铜精矿含银销售成本 16 441 586.06 元。

Ⅲ. 处理的坏账损失 12 150 993.45 元。

a. 矿务局借给某家具有限公司用于垫付退还原三家厂矿职工集资款 689 950.00 元无法收回。

b. LF 厂借款 1 400 000.00 元，由于 1997 年已停产，无法收回。

c. 矿务局借给易某酸氢钙厂用于归还职工集资款 112 000.00 元，该厂已停厂，无法收回。

d. FX 公司借款 4 573 800.00 元，无法收回。

e. 某物资公司借款 3 000 000.00 元，无法收回。

f. 原向某工业总公司投资 100 00.00 元在北京建办公楼，未建成。因某工业总公司撤销，无法收回。

g. 原三家厂矿建设工程处欠矿务局款 2 215 243.45 元，因三家厂矿破产，已无法收回。

h. 原某镇建农贸市场，矿务局调用了钢材和水泥 150 000.00 元，该镇提出为矿务局服务，不予支付，故核销。

Ⅰ—Ⅲ合计 37 149 823.21 元，实际 2004 年 1—6 月矿务局应实现利润总额为 52 763 707.91 元，合并报表利润总额应为 57 235 017.50 元。

3. 成本分析

（1）销售成本变动情况

2004 年 1—6 月销售铜精矿含铜 20732.924 吨。其中：自产 7145.524 吨，占销售量的 34.46%，外购 13587.4 吨，占销售量的 65.54%。

结转销售成本 289 596 241.60 元,销售平均单位成本为 13 967.16 元/吨,比上年同期销售平均单位成本 8831.78 元/吨,增加 5135.38 元/吨。增加原因为 2004 年上半年市场铜精矿含铜价上涨,外购价平均为 15 044.10 元/吨,比上年同期外购价平均 9086.26 元/吨,增加 5957.84 元/吨,使销售成本增加 8095.16 万元。

自产铜精矿含铜 2004 年 1—6 月平均单位成本 11 921.59 元/吨,比上年同期平均单位成本 7669.85 元/吨,增加 4251.74 元/吨。使销售成本增加 3038.09 万元。

(2)自产成本变动情况

①原矿品位 2004 年 1—6 月为 0.795%,比上年同期 0.938%,下降了 0.143%,使成本上升 790 万元。

②选矿回收率 2004 年 1—6 月为 95.78%,比上年同期 95.41%,上升 0.37%,使成本下降 20 万元。

③直接材料单位变动成本 2004 年 1—6 月为 35.13 元,比上年同期 23.39 元,上升 11.74 元,使成本上升 1110 万元。

④燃料及动力单位变动成本 2004 年 1—6 月为 11.90 元,比上年同期 11.55 元,上升 0.35 元,使成本上升 33 万元。

⑤直接人工单位变动成本 2004 年 1—6 月为 9.31 元,比上年同期 11.65 元,下降 2.34 元,使成本下降 222 万元。

⑥固定成本 2004 年 1—6 月为 2821 万元,比上年同期的 850 万元,成本上升 1971 万元。

(3)制造费用部分

由 2003 年单位成本 2755.06 元上升到 2004 年的 5023.70 元,单位成本上升 2268.64 元,原因为原矿品位下降,单位铜精矿含铜所处理原矿量增加,从而单位铜精矿含铜承担的维检费增加。

由以上分析可知,本期生产成本上升的主要因素是原矿品位的下降,以及材料和动力成本的上升。

4. 潜盈和潜亏的分析

①现矿务局主要生产基地,在原材料领用核算方面是以工区、采场领用出库数直接列入生产成本,以领代耗,而工区和采场的一线库房结余数在年终没有办理假退料手续,冲减当期生产成本造成当期盈亏不实。

②固定资产累计折旧的计提。由于矿务局规定按减半计提的政策给企业带来潜亏的影响,仅该矿 2003 年至 2004 年 1—6 月就少计提折旧 3 523 650.00 元,形成潜亏。

③矿务局为某铜业有限公司的贷款 2400 万元进行担保。根据某铜业有限公司近几年业绩,截至 2004 年 6 月 30 日累计亏损 9967.93 万元,如果出现无力偿还的情况,将给矿务局带来潜在的风险。同时,某铜业有限公司原料问题今后若得不到长远的解决,发生亏损将给矿务局经济成果带来严重影响。

④长期股权投资。截至 2004 年 6 月期末余额为 192 545 098.27 元。其中矿务局对 SJC 矿、SZS 矿、QBL 矿、LCG 矿合计投资 172 201 418.70 元。留在清产核资中专题处理,扣除此因素,长期股权投资余额应为 20 343 679.57 元,如果发生投资损益将给企业利润带来影响。

⑤清产核资中的坏账损失 93 973 785.75 元。固定资产报废 12 799 757.27 元;未摊递延资产中借款利息 17 836 792.89 元及应补提的固定资产折旧 6 887 632.48 元,合计 131 497 968.39 元。待将来批准处理时,可能会给企业带来损益的影响。

5. 截至 2004 年 6 月 30 日资产、负债及所有者权益情况

(1) 资产总额 1 354 523 651.43 元(合并报表)

①货币资金 115 002 721.90 元。

②应收账款 16 837 738.00 元。

③其他应收款 180 428 508.04 元。

④预付账款 44 274 275.92 元。

⑤应收补贴款 835 000.00 元。

⑥存货 105 197 270.72 元。

其中:原材料 35 162 487.60 元;

产成品(库存商品)70 034 783.12 元。

⑦长期投资 182 871 418.70 元。

其中:长期股权投资 182 871 418.70 元。

⑧固定资产原值 800 650 690.92 元。

减:累计折旧 145 998 217.89 元;

固定资产净值 654 652 473.03 元。

⑨工程物资 872 891.09 元。

⑩在建工程 16 616 430.22 元。

⑪无形资产 10 454 269.33 元。

其中:土地使用权 10 454 269.33 元。

⑫递延资产(长期待摊费用)18 780 771.35 元。

(2)负债总额 889 447 539.21 元(合并报表)

①短期借款 309 130 000.00 元。

②应付票据 71 000 000.00 元。

③应付账款 30 020 234.48 元。

④预收账款 51 963 150.55 元。

⑤应付工资 31 204 742.49 元。

⑥应付福利费 18 274821.65 元。

⑦应交税金 29 052 359.72 元。

⑧其他应交款 5 035 289.62 元。

⑨其他应付款 205 238 371.46 元。

⑩预提费用 17 528 569.23 元。

⑪长期借款 21 000 000.00 元。

⑫长期应付款 100 000 000.00 元。

(3) 所有者权益总额 458 248 835.93 元(合并报表)
① 少数股东权益 6 827 276.29 元。
② 实收资本(股本) 606 410 326.26 元。
③ 国家资本 606 410 326.26 元。
④ 资本公积 16 175 388.63 元。
⑤ 未分配利润 – 164 336 878.96 元。

12.3 审计评价

某矿务局及所属矿山系20世纪50年代兴建的老矿山,多年来为国家经济效益和社会效益作出了巨大的贡献。随着时间的推移,老矿山已处于资源枯竭的时期,并留下很多待处理的难题。在上级领导的支持下,矿务局领导班子带领全体员工顺利完成了四座资源枯竭矿山的政策性破产,争取了债转股。大大降低负债率,取得融资信誉,得到银行支持。企业实施了主、辅分离,辅助后勤企业实行了改制,减少了消耗,盘活了资产。管理方面模拟法人治理结构管理进一步得到贯彻落实,给基层领导和职工增强了市场意识和风险意识。

矿务局投资的某铜业有限公司,由于原料供应不足,前几年依靠进口原料,使生产成本过高。并且流动资金不足、依靠贷款、负债重,连续几年累计亏损严重。矿务局调整领导班子从生产原料抓起,想办法解决进货渠道,只用国产原料。虽然国产原料产量少,但已见成效,做到扭亏为盈,上半年盈利447.13万元。

至此,公司顺利完成了清产核资工作,对投资损失、坏账损失和报废资产均作了清理,待批准后即可处理。

由于上半年铜价上涨给企业带来了盈利,消化了老矿山的一些遗留问题。但矿务局在成本核算和对外投资的管理中也存在一定的不足,基地生产成本核算年终对一线仓库库存未办理退库手续影响当期损益。投资损失也比较严重。除此之外,矿务局企业内部管理制度和财务管理办法都比较健全、完善,会计基础工作比较完整规范,同时多关注对外投资的控制,确保投资收益。

12.4 存在的问题

(1) 固定资产折旧减半计提将给企业的后续经营带来很大的潜亏影响。

(2) 生产成本中的原材料消耗,以领代耗,不作退库处理。第一造成生产成本不实,影响当期损益;第二造成存货不实,导致原材料管理的浪费和漏洞。

(3) 长期股权投资的管理不严,特别是对控股子公司某铜业有限公司的管理要引起重视。根据近几年情况,该公司严重亏损已给矿务局经济效益带来了严重影响。

(4) 铜精矿含银的销售成本,以前一年度未严格按收支配比结转成本的原则进行核算致使遗留外购铜精矿含银20 349.505公斤的成本为1644.15万元,没有配比结转,影响了当期损益不实。

(5) 根据1997年9月16日施行的《某省企业职工工伤保险暂行办法》(×政办发[1997]156号)文及《某省劳动和社会保障厅关于工伤保险有关问题的处理意见》×劳社[1999]176号以及厅办[2003]92号文规定,某矿务局1997年9月16日以前工伤人员没能纳入工伤保险管理范围,参保以前已办理退休的老工伤职工工伤部位所发生的医疗费,以及其他费用由企业自行承担。某矿务局未纳入工伤保险管理范围的这部分人员有1230人(其中:硅肺人员有495人),所产生的费用都是由矿务局从管理费用中列支。2001年、2002年、2003年分别发生了1142.85万元、1221.59万元、1622.17万元的费用支出,三年平均费用1328.87万元。这部分非统筹费用仍逐年上升,给企业带来新的遗留问题。

12.5 审计建议

(1) 固定资产折旧的计提仍应遵循会计制度的有关规定进行处理。应严格贯彻执行"两则""两制"的有关规定,认真做好企业成本核算,使当期损益真实准确。

(2)生产成本中消耗材料应以实际耗用作为支出,年终盘点一线仓库交财务做退库处理,同时调减生产成本做到成本真实准确。

(3)应加强长期股权投资管理,及时了解被投资单位情况,深入实际,认真切实找出亏损原因,作出相应改进措施,确保投资收益。

(4)成本结转应严格按销售数量配比结转,以免造成当期损益不实。

参考文献

[1] 彼得·肯尼迪.计量经济学原理[M]周尧,译.北京:中国人民大学出版社.2014.

[2] 仇俊林,范晓阳.企业会计信息失真问题研究[M].北京:人民出版社,2006.

[3] 陈虎,韩玉启.论会计信息失真的成因及防治[J].审计与经济研究,2004(2):47-50.

[4] 陈胜蓝.财务会计信息、股权保留比例与IPO定价[J].证券市场导报,2010(5):49-57.

[5] 陈胜蓝.财务会计信息与IPO抑价[J].金融研究,2010(5):152-165.

[6] 陈圣飞,张忠寿,王烨.会计稳健性研究的理论回顾与展望——基于契约观和信息观的视角[J].会计研究,2011(4):35-42.

[7] 杜庆宣.上市公司会计信息失真识别研究[D].长沙:湖南大学,2009.

[8] 达摩达尔·N·古扎拉蒂.计量经济学原理与实践[M].李井奎,译.北京:中国人民大学出版社,2013.

[9] 杜兴强.会计信息的产权问题研究[J].会计研究,1998(7):6.

[10] 樊豆.基于进化博弈理论的会计信息失真分析[J].会计之友,2011(23):108-109.

[11] 葛家澍,叶丰滢.论财务报表的改进——着眼于正确处理双重计量模式的矛盾[J].审计研究,2009(5):3-8.

[12] 葛家澍,陈朝琳.论会计信息质量特征相关问题——兼为"公允价值"正名[J].财会通讯,2009(31):16-18.

[13] 葛家澍,王亚男.论会计信息的可理解性——国际比较、影响因素与对策[J].厦门大学学报(哲学社会科学版),2011(5):26-33.

[14] 耿建新,肖泽忠,续芹.报表收益与现金流量数据之间关系的实证分析——信息不实公司的预警信号[J].会计研究,2002,(12):28-34+65.

[15] 宫晓霞. 从博弈论角度看国内上市公司会计信息失真[D]. 上海:上海交通大学,2008.

[16] 黄世忠. 上市公司会计信息质量面临的挑战与思考[J]. 会计研究,2001(10):6-11+65.

[17] 侯国民,恽碧琰,宋常. 上市公司连续披露的非标准审计意见信息含量研究[J]. 审计研究,2007(4):48-58.

[18] 韩淑珍. 伦理学视角的会计信息失真分析[D]. 西安:西安理工大学,2010.

[19] 蒋义宏. 会计信息失真的现状、成因与对策研究:上市公司利润操纵实证研究[M]. 北京:中国财政经济出版社,2002.

[20] 刘峰. 制度安排与会计信息质量——红光实业的案例分析[J]. 会计研究,2001(7):7-15+65.

[21] 刘峰,黄少安. 关于会计信息质量问题的调查研究——从会计学和产权角度分析[J]. 会计研究,1999(4):44-49.

[22] 李爽. 会计信息失真的现状、成因与对策研究——会计报表粉饰问题研究[M]. 北京:经济科学出版社,2002.

[23] 李红琨. 我国上市公司独立董事制度研究[M]. 北京:经济科学出版社,2011.

[24] 李丽娟,王乾斌,朱凯. 递延所得税会计信息的价值相关性研究[J]. 上海立信会计学院学报,2011,25(1):49-56.

[25] 李青原. 会计信息质量、审计监督与公司投资效率——来自我国上市公司的经验证据[J]. 审计研究,2009(4):65-73+51.

[26] 陆正飞,张会丽. 会计准则变革与子公司盈余信息的决策有用性——来自中国资本市场的经验证据[J]. 会计研究,2009(5):20-28+96.

[27] 刘永泽,孙翯. 我国上市公司公允价值信息的价值相关性——基于企业会计准则国际趋同背景的经验研究[J]. 会计研究,2011(2):16-22+96.

[28] 李刚,刘浩,徐华新,等. 原则导向、隐性知识与会计准则的有效执行——从会计信息生产者的角度[J]. 会计研究,2011(6):17-24+95.

[29] 廖永强. 基于公司治理特征的上市公司会计信息失真识别研究[D]. 长沙:湖南大学,2009.

[30] 罗曼 L. 韦尔,凯瑟琳·雪普,珍妮弗·弗朗西斯. 财务会计:概念,方法与应用[M]. 朱丹,屈腾龙,译. 北京:机械工业出版社,2015.

[31] 马克思. 资本论:第 1 卷[M]. 北京:人民出版社,2004.

[32] 马克思. 资本论:第 3 卷[M]. 北京:人民出版社,2004.

[33] 青木昌彦,张春霖. 对内部人控制的控制:转轨经济中公司治理的若干问题[J]. 改革,1994(6):11 - 24.

[34] 谭劲松,丘步晖,林静容. 提高会计信息质量的经济学思考[J]. 会计研究,2000(6):14 - 20.

[35] 田海洋. 中小企业会计信息失真问题研究[D]. 昆明:云南大学,2010.

[36] 吴联生. 会计信息失真的分类治理——从会计域秩序到会计规则[M]. 北京:北京大学出版社,2005.

[37] 吴联生. 会计信息失真的"三分法":理论框架与证据[J]. 会计研究,2003(1):25 - 30 + 65.

[38] 伍利娜,李蕙伶. 投资者理解公司会计利润和应税利润的差异信息吗?[J]. 管理世界,2007(10):114 - 121 + 138.

[39] 吴联生. 会计域秩序与会计信息规则性失真[J]. 经济研究,2002(4):68 - 75 + 95.

[40] 王乔,章卫东. 上市公司会计信息操纵行为探析[J]. 会计研究,2002(12):42 - 44.

[41] 吴联生. 企业会计信息违法性失真的责任合约安排[J]. 经济研究,2001(2):77 - 85 + 94.

[42] 王德发,刘晓峰. 统计学:数据处理与分析[M]. 上海:上海财经大学出版社,2017.

[43] 肖时庆. 上市公司财务报告粉饰防范体系研究[J]. 会计研究,2000(12):46 - 49.

[44] 谢德仁. 会计信息的真实性与会计规则制定权合约安排[J]. 经济研究,2000(5):47 - 51.

[45] 杨建文. 会计信息失真的深层原因及其治理[D]. 广州:暨南大学,2005.

[46] 周冉,张继勋. 会计信息定位、有意识错报与审计人员的容忍度:一项实验证据[J]. 审计研究,2009(6):41-46.

[47] 朱凯,赵旭颖,孙红. 会计准则改革、信息准确度与价值相关性——基于中国会计准则改革的经验证据[J]. 管理世界,2009(4):47-54.

[48] 张玲,吴波,党金磊. 上市公司会计信息失真可能性评估研究——基于沪深两市年报审计意见[J]. 审计研究,2006(1):89-92+40.

[49] 张愈强. 会计信息失真的经济学分析[D]. 哈尔滨:东北林业大学,2005.

[50] 郑石桥. 绩效审计[M]. 北京:中国人民大学出版社,2020.

[51] Albrecht W S,Wernz G W,Williams T L. Fraud:bringing light to the dark side of business[M]. Chicago:Irwin Professional Pub,1995.

[52] Bologna G J,Lindquist R J,Wells J T. The accountant's handbook of fraud and commercial crime/[M]. New York:John Wiley & Sons,2001.

[53] Howe M A. Management fraud and earnings management:Fraud versus GAAP as a means to increase reported income[D]. Storrs:University of Connecticut,1999.

[54] Sweeney A P. Debt-covenant violations and managers' accounting responses[J]. Journal of Accounting & Economics,1994,17(3):281-308.

[55] Zabihollah,Rezaee. Causes consequences and deterence of financial statement fraud[J]. Critical Perspectives on Accounting,2005,16(3):277-298.